Im Knaur Taschenbuch Verlag ist bereits
folgendes Buch der Autorin erschienen:
Ich weiß, wer du bist. Das Geheimnis, Gesichter zu lesen

Über die Autorin:
Tatjana Strobel ist gelernte Sozialpädagogin und machte sich 2008 mit ihrer eigenen Coaching-Firma selbständig. Seitdem gibt sie Seminare, hält Vorträge zum Thema Face-Reading und wird darüber hinaus von den schweizerischen Medien als Physiognomik-Expertin zur Deutung bekannter Persönlichkeiten zu Rate gezogen. Tatjana Strobel lebt in Zürich.

Tatjana Strobel

Der Blick hinter die Maske

Was uns Gesichter verraten

Besuchen Sie uns im Internet:
www.knaur.de

Deutsche Erstausgabe April 2015
Knaur Taschenbuch
© 2015 bei Knaur Taschenbuch.
Ein Unternehmen der Droemerschen Verlagsanstalt
Th. Knaur Nachf. GmbH & Co. KG, München.
Alle Rechte vorbehalten. Das Werk darf – auch teilweise –
nur mit Genehmigung des Verlags wiedergegeben werden.
Redaktion: Judith Mark
Umschlaggestaltung: ZERO Werbeagentur, München
Umschlagabbildung: FinePic®, München
Satz: Wilhelm Vornehm, München
Druck und Bindung: GGP Media GmbH, Pößneck
ISBN 978-3-426-78735-9

5   4   3   2   1

INHALT

Vorwort 7

Kapitel 1: Wie »ticken« wir? 9
Die vier physiognomischen Grundtypen 12
Vom Macher bis zum Visionär:
Was macht die vier Typen aus? 12
Und wenn mehrere Typen zusammenkommen? 44
Los geht's: Ihre erste Promi-Gesichtsanalyse 48
Welcher Typus sind Sie selbst? 50

**Kapitel 2: Promis und ihre Geheimnisse: Was uns
die Gesichter bekannter Persönlichkeiten verraten** 59
Gesichtszüge verändern sich im Laufe des Lebens 59
Zwei Gesichter? Die beiden Gesichtshälften 60
Was die Gesichtshälften verraten 63
Das Geheimnis der Schönheit 65
Schauen Sie hinter die Maske der Promis 68

**Kapitel 3: Die Physiognomik der Liebe –
was Paare glücklich und erfolgreich macht** 125
Der berühmte erste Blick 125
Ähnlichkeit ist wichtig, wenn die Liebe dauern soll 128
Die physiognomischen Grundtypen in der Liebe 129
Und wer passt nun zu wem? 135
Small Talk beim Kennenlernen – ja oder nein? 137
Prominenten Paaren ins Gesicht geschaut 139

Zum Schluss … 167

Anhang 169
   Auflösungen zu den Übungen 170
   Liste physiognomischer Merkmale 183

VORWORT

Wer mir vor acht Jahren gesagt hätte, dass die Physiognomik einmal mein ganzes Leben auf den Kopf stellen würde, den hätte ich für verrückt erklärt. Doch genau so ist es gekommen …

Denn vor acht Jahren lief mir ein Physiognomik-Experte über den Weg, der in einer Fünf-Minuten-Analyse Menschen, die er noch nie zuvor gesehen hatte, bestimmte Charaktereigenschaften zuschrieb. Meine anfängliche Skepsis legte sich, denn das, was er über mich sagte, stimmte. Ich war fasziniert. Konnte man in einem Gesicht wirklich lesen wie in einem offenen Buch? Wie war das möglich? Woran machte man die Eigenschaften fest?

Noch am gleichen Abend begab ich mich auf die Spuren der Physiognomik und kann sagen, dass diese Reise bis heute nicht beendet ist – ganz im Gegenteil.

Auf meinen ersten Stationen lernte ich die unterschiedlichen Systeme des Gesichterlesens kennen, verband die Methoden und arbeitete rund 200 aussagekräftige, gut sichtbare Merkmale heraus, die es nun in einer Analyse zu verbinden galt. Denn es ist so, dass sich einige Merkmale gegenseitig verstärken, während andere sich wechselseitig abschwächen. Ich stellte schnell fest, wie bedeutsam es in Sachen Menschenkenntnis ist, dass ein Mensch nicht nur aus seinem Gesicht besteht, sondern auch einen Körper, eine individuelle Mimik, Stimmlage und Wortwahl hat. Nach kurzer Zeit hatte ich die TS-Methode der Menschenkenntnis entwickelt, die alles vereint und zusammenbringt, was ein Mensch verbal und nonverbal von sich zeigt.

Was ich seitdem alles erlebt habe, lässt sich kaum in Worte

fassen, so unglaublich klingt es. Mein Leben hat immens an Qualität gewonnen, meine Beziehungen zu anderen Menschen sind einfacher, faszinierender, leichter, offener geworden, Probleme im zwischenmenschlichen Bereich hingegen sind heute viel weniger gravierend als früher. Meine Studien und Beobachtungen der letzten Jahre haben mir dabei geholfen, mich weiterzuentwickeln und meine Empathie zu trainieren. Meine Faszination für den Menschen und seinen Charakter hat sich bei alldem sogar noch erhöht. Es vergeht kein Tag, an dem ich die Physiognomik nicht einsetze. Ich verblüffe, begeistere, öffne und fasziniere andere mit dieser uralten Methode, die schon Millionen unserer Vorfahren zur Einschätzung anderer nutzten.

Wie sieht's aus? Möchten auch Sie sich vom »Virus« des Gesichterlesens anstecken lassen; möchten Sie lernen, hinter die Fassade der anderen zu schauen, um ab sofort noch mehr Qualität und Erfolg in Ihr Leben zu bringen? Dann haben Sie auf den folgenden Seiten die Möglichkeit, die wichtigsten Techniken der Physiognomik zu erlernen. Um das Ganze noch spannender zu machen, werde ich Ihnen diese Techniken anhand von Menschen erklären, die Sie bisher nur aus den Nachrichten oder aus Hochglanzmagazinen kannten. Sie werden etwa Angela Merkel, Barack Obama, Angelina Jolie oder Julia Roberts ganz neu und viel intensiver kennenlernen und so manches über sie erfahren, was nicht in der Zeitung steht. Daneben kann ich Ihnen aber auch versprechen, dass sich Ihr Leben bereits mit der ersten physiognomischen Analyse ändern wird. Wetten, dass auch Sie dann nicht mehr davon lassen können?

Ich wünsche Ihnen viele spannende, bereichernde Momente bei der Lektüre, vor allem aber auch viel Freude bei der Umsetzung!

KAPITEL 1

WIE »TICKEN« WIR?

Seit Jahrzehnten beschäftige ich mich mit Menschen – mit dem, was ihre Gesichter und die Sprache ihres Körpers über sie verraten –, und Tag für Tag bin ich aufs Neue fasziniert über die Vielfältigkeit, die Einzigartigkeit und die Unterschiedlichkeit der Menschenkinder auf dieser Welt. Ich liebe die Geschichten, Werdegänge, die Schicksalsschläge, Prägungen und Erlebnisse, die einen Menschen zu der Person machen, die er heute ist. Jeder von uns bildet seine Persönlichkeit, seine charakterlichen Anlagen durch drei wesentliche Punkte aus: Gene, Erziehung und Sozialisation/Erfahrung. Dies sind für mich die elementarsten Dinge, die einen Menschen prägen und auch immer wieder verändern können.

Von dem Neurobiologen Prof. Dr. Gerald Hüther stammt der Ausspruch, dass jeder Mensch eine 180-Grad-Drehung seines Denkens, seines Charakters hinlegen kann, wenn er nur will. Unser Gehirn ist formbar; darum können wir unsere Einstellungen im Laufe unseres Lebens verändern. Dabei spielen die Erfahrungen, die wir machen, eine wesentliche Rolle.

In meinem Leben gab es beispielsweise eine besondere Episode. Sie liegt inzwischen schon viele Jahre zurück, aber sie hat mir ein für alle Mal bewusst gemacht, dass Menschen unterschiedlich »ticken«, unterschiedlich reagieren, und dass dieses Verhalten auf ihrem Charakter und ihren Erfahrungen basiert.

Ein guter Freund und ich wurden als freie Mitarbeiter für ein

Gastronomieprojekt gebucht. Wir sollten neue Kunden gewinnen, den Umsatz erhöhen, das Restaurant am Standort etablieren und die Servicequalität verbessern. Noch bevor wir uns abgesprochen hatten und das eigentliche Projekt startete, machte jeder von uns sich in seinem ureigensten Element an die Arbeit. Mein Freund Christian recherchierte im Internet, stellte die Kennzahlen der Stadt zusammen, erkundete das Essverhalten der Menschen, analysierte die Mitbewerber und deren Angebote. Ich setzte mich ins Auto, fuhr zu dem betreffenden Restaurant und beobachtete einen Mittag lang das Personal, die Servicebereitschaft, den Umgang mit den Kunden, die Sauberkeit, die optische Gestaltung des Ladens und das Kaufverhalten der Kunden.

Als das Projekt startete, hatten wir auf diese Weise bereits eine komplette Analyse der Stadt und auch einen ersten Eindruck, was im Restaurant konkret zu tun war. Jeder von uns ging das Projekt auf seine Weise und entsprechend seiner charakterlichen Anlage an. Christian sammelte als rational-analytisch denkender Mensch Daten, Zahlen und Fakten, während ich mich als handlungsorientierter Mensch in das Geschehen stürzte, um vor Ort alles aufzusaugen, was mir wichtig erschien. Für Christian war bei allem, was wir unternahmen, immer das Warum, der konkrete Nutzen wichtig – einfach erst einmal loszulegen empfand er als planlos und demotivierend.

Natürlich ist daran nichts verkehrt, auch wenn ich selbst Projekte bis heute ganz anders angehe als Christian. Generell geht es nicht darum, die Menschen in »gut« oder »schlecht« einzuteilen, sondern darum, zu verstehen, dass Menschen eben unterschiedlich denken und agieren. Wir können im Umgang mit anderen nicht erwarten, dass sie genauso »ticken« wie wir selbst. Und je mehr es uns gelingt, die Persönlichkeit unseres Gegenübers zu erfassen und zu verstehen, warum er ist, wie er ist, desto besser können wir uns auf ihn oder sie einstellen – nicht zuletzt, um unsere eigenen Botschaften optimal »rüberzubringen«.

Bevor wir uns die verschiedenen physiognomischen Typen und ihre Merkmale näher anschauen, noch ein paar Worte zur Physiognomik. Sie ist eine über 2000 Jahre alte Lehre, die ihre Wurzeln in Indien, China und Ägypten hat. In Indien wird sie in der traditionellen Heilkunst des Ayurveda auch heute noch praktiziert. Im Ursprung war die Physiognomie eine Krankheitslehre: Da jedes Organ einer bestimmten Gesichtsregion zugeordnet ist, kann man durch Verfärbungen, Faltenbildung, Hautveränderungen Rückschlüsse auf bestimmte Krankheiten ziehen. Später entwickelte sich daraus ein ganzheitliches System, das weniger einen medizinischen Anspruch verfolgte als vielmehr den, das Gegenüber aus Körperbau, Körpersprache, Mimik und physiognomischen Gesichtsmerkmalen ganzheitlich zu erfassen. Ziel ist dabei die sensible Betrachtung und das Einfühlen in den anderen, um im sozialen Miteinander wertschätzend miteinander umzugehen.

Es gibt über 330 Merkmale allein im Gesicht eines Menschen, die auf seinen Charakter schließen lassen. Keine Sorge – die müssen Sie nicht alle kennen, um die Physiognomik mit Gewinn anwenden zu können. Für Ihre persönlichen Studien habe ich mich auf die 60 wichtigsten, sichtbarsten und aussagekräftigsten Merkmale konzentriert, um Ihnen einen leichten Einstieg in die Materie zu ermöglichen.

Die vier physiognomischen Grundtypen

Lassen Sie uns mit den vier physiognomischen Grundtypen beginnen. Sie sind wirklich die Basis und begegnen mir immer wieder – nicht nur in meiner täglichen Arbeit, sondern auch bei Fortbildungen, die ich mache. So arbeitet etwa das Insight-Modell, eine Methode zur Analyse des Potenzials, das ein Mensch mitbringt, mit einer ähnlichen Typologie. Dasselbe gilt für das Neuromarketing, das unsere Kaufentscheidungen analysiert, und die Structogramm-Methode, die davon ausgeht, dass Persönlichkeitsmerkmale und Reaktionsweisen eines Menschen davon abhängen, wie die unterschiedlichen Bereiche seines Gehirns zusammenarbeiten. Doch Vorsicht: Sehr selten treten die Typen in Reinform auf – in der »freien Wildbahn« werden Ihnen eher immer wieder Mischtypen begegnen

Vom Macher bis zum Visionär: Was macht die vier Typen aus?

Der *Macher/Performer* braucht die Aufmerksamkeit anderer – und mit Hilfe seiner Ausstrahlung bekommt er sie in der Regel auch. Er ist einfach unübersehbar, hat einen starken Willen und jede Menge Energie, will stets die Nummer eins sein. Von der Idee bis zur Umsetzung dauert es bei ihm häufig nicht lange. Kaum klingt ein Einfall für ihn plausibel, wird er auch schon umgesetzt. Ruhepausen braucht er nicht, er liebt es, körperlich aktiv zu sein, sich selbst zu spüren; Entspannung verschafft er sich beim Sport. Mit anderen diskutiert er lieber über seine Interessen und Hobbys als über theoretische oder philosophische Fragen.

Im Fokus seiner Aufmerksamkeit steht die Frage: »Was kann ich im Leben noch alles erreichen?« Alltägliche Detailarbeiten überlässt er gerne anderen; er selbst ist schließlich prädestiniert für die größeren Herausforderungen – für die er sich dann aber auch leidenschaftlich engagiert.

Er legt Wert auf seine persönliche Freiheit und ist im Umgang mit seinen Gefühlen nüchtern. Seine Meinung äußert er unter Umständen sehr unmissverständlich, dabei sind ihm jedoch Fairness und gegenseitiger Respekt wichtig. Beruflich hat der Macher oft eine Führungsposition inne und braucht einen klar abgesteckten Befugnisraum.

Die Körpersprache des Machers

Sein Selbstbewusstsein zeigt sich in seinem aufrechten Gang bzw. hüftbreiten Stand, der auf andere Menschen dominant und machtvoll wirkt. Auch beim Sitzen nimmt er viel Platz ein, nimmt beispielsweise mit dem Oberkörper oder seiner Garderobe mehrere Stühle in Beschlag.

Sein Laufstil ist dynamisch und schnell, gerne auf den Fersen. In Gesprächen untermauert er das Gesagte mit großzügigen, ausladenden Gesten.

Wie Macher sich kleiden

Es sollte immer alles zusammenpassen. So sind etwa Gürtel und Schuhe stets farblich aufeinander abgestimmt. Gerne setzen Macher auch auf bekannte Marken, um auf ihren exquisiten Geschmack hinzuweisen. Kleidung ist für sie ein Ausdruck ihrer Persönlichkeit.

Ihr Kommunikationsstil

Macher kommunizieren gerne, aber nicht ausschweifend. Kleinigkeiten und Einzelheiten sind ihnen ein Greuel. Häufig sprechen sie mit tiefer, voller Stimme, können Akzente setzen und den Klang ihrer Stimme variieren. Ihre Wortwahl ist durch den Sehsinn geprägt: »sehen«, »schauen«, »beobachten«, »wahrnehmen«, »durchschauen«, »erblicken«, Farbwörter und die Bezeichnungen von Formen (rund, eckig, gerade, groß, klein) spielen in ihrem Wortschatz eine gewichtige Rolle. Ebenso alles, was man sehen kann und sich bildlich vorstellen kann. Weitere zentrale Vokabeln der Macher sind: »grünes Licht haben«, »Licht am Ende des Tunnels sehen«, »die rosarote Brille aufhaben«, »klarsehen«, »es geht einem ein Licht auf«, »etwas einsehen«, »etwas klarmachen«, »jemandem ein X für ein U vormachen«, »Blickpunkt«, »über etwas hinwegsehen«, »kurzsichtig sein/handeln«, »etwas vorhersehen«, »eine saubere Weste haben«, »etwas in Augenschein nehmen«, »zu Gesicht bekommen«, »bessere Tage gesehen haben«, »bei näherer Betrachtung«, »jemanden blenden« oder »hinters Licht führen«, »in Augenschein nehmen«. Weil bei den Machern alles möglichst schnell gehen soll, verwenden sie häufig auch die Worte »schnell« und »kurz«.

Das Kaufverhalten der Macher

Sie sind sehr zielorientiert und bevorzugen Einkaufsorte und Produkte, die für Cleverness, Status und Prestige stehen. Macher wollen mit ihrem Kauf ihre Stilsicherheit zeigen, gerne mit Produkten, die für außergewöhnliche Leistung, technische oder optische Perfektion oder hohen sozialen Status stehen. Wenn ein Produkt hohen Prestigegewinn verspricht, spielt der Preis keine Rolle.

Ihre wichtigsten Werte und Gefühle

Macher legen Wert auf Freiheit, Stolz, Erfolg, Ruhm, Status, Anerkennung, Eigenmotivation, Durchsetzungsstärke, Ehrgeiz, Zielgerichtetheit.

Woran man sie erkennt

Macher haben häufig kantige Gesichtszüge, mit einer ausgeprägten, breiten Kieferpartie und einem nach vorne ragenden Kinn. Auch die hohen Wangenknochen sind oft deutlich vorstehend, die Ohren sind kantig, und das Innenohr ragt über das Außenohr. In der sogenannten Dreiteilung ist der Kinnbereich der größte Bereich ihres Gesichts. Typische Macher haben oft mandelförmige, schmale Augen, kurze oder eckige »Mephisto-Augenbrauen«, eine breite Nase mit geradem Nasenrücken, ein langes Philtrum (das ist der Übergang von der Nase zur Oberlippe), eine schmalere Oberlippe als Unterlippe und einen breiten, kurzen Hals.

Bevor wir weiter in die einzelnen Merkmale der Konstitutionstypen und ihre Bedeutung einsteigen, ist ganz wichtig zu wissen, dass ein Merkmal für sich genommen noch keinerlei Bedeutung hat. Erst wenn Sie drei, vier, fünf Merkmale erkennen, die in dieselbe Richtung weisen, haben Sie einen sicheren Anhaltspunkt. Nur weil jemand ein kantiges Gesicht hat, ist er noch lange kein Macher. Sehen Sie hingegen ein kantiges Gesicht, ein breites, nach vorne stehendes Kinn mit einem markanten Kiefer und hohe, ausdrucksvolle Wangenknochen, dann sind Sie höchstwahrscheinlich einem Macher auf der Spur …

Nun zu den Top-15-Merkmalen des Machers:

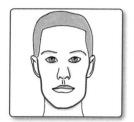

Das *kantige Gesicht* ist ein Hinweis für Durchsetzungsfähigkeit, den Willen zum Erfolg.

In der *Dreiteilung des Gesichtes* ist der untere Bereich, der von der Nasenspitze bis zur Spitze des Kinns reicht, am größten. Dies ist ein Indiz für die schnelle Handlungs- und Umsetzungsbereitschaft des Machers.

Das Innenohr ragt über das Außenohr, was für Durchsetzungsfähigkeit und Extravertiertheit steht. Dieser Mensch muss sein Ego ausleben.

Kurze Augenbrauen (weniger als zwei Drittel Länge über den Augen) lassen auf einen durchsetzungs- und entschlussstarken Menschen schließen. Macher verfügen über ein gesundes Maß an Selbstvertrauen und Willensstärke.

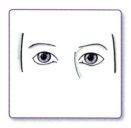
Schmal-längliche Augen: Der Macher ist ein guter Beobachter mit einer bewussten Wahrnehmung, der sensibel auf andere Menschen eingehen kann.

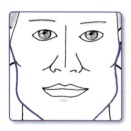
Die *ausgeprägten, gut erkennbaren, hohen Wangenknochen* stehen für Offenheit, Aufgeschlossenheit, Neugier sowie Führungsstärke. Macher lieben es, im Rampenlicht zu stehen, und sind bekannt für ihren resoluten, selbstbewussten Stil.

Der *Nasenrücken* ist, physiognomisch betrachtet, das Bindeglied zwischen Denken und Handeln. Ist er *gerade,* so ist der betreffende Mensch kaum aufzuhalten. Hat er sich für etwas entschieden, läuft er gewissermaßen unmittelbar los und möchte so schnell wie möglich Ergebnisse sehen.

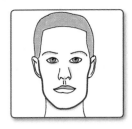
Ein *breiter Nasenrücken* ist ein Zeichen für Belastbarkeit; der betreffende Mensch läuft unter Zeitdruck erst so richtig zur Hochform auf. Finden Sie dazu bei Ihrem Gegenüber noch einen breiten und kurzen Hals sowie breite Schultern vor, haben Sie einen sehr belastbaren Menschen vor sich.

Ein *langes Philtrum* (die Verbindung von der Nase zur Oberlippe) deutet auf einen Menschen hin, der etwas bewegen, führen will, also über einen großen Macht- und Dominanzanspruch verfügt.

Die *Oberlippe* steht grundsätzlich für das Geben (Gefühle, Materielles …) und die Unterlippe für das Nehmen. Der Mund eines Machers zeichnet sich durch eine fleischige Unterlippe und eine weniger fleischige Oberlippe aus.

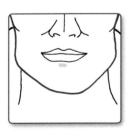
Eine *breite Kieferpartie* ist ein Indiz für Führungsqualitäten und kennzeichnet einen Menschen, der mutig und entschlossen durch die Welt geht.

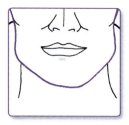
Kantiges Kinn: Ausgeprägtes Durchsetzungsvermögen; ein Mensch, der seinen Willen auf direkte, unter Umständen auch durchaus rücksichtslose Weise durchsetzt.

Kinn nach vorne: ein Zeichen für Kampfgeist und Selbstbewusstsein, mit viel Energie und einem großen Vorwärtsdrang.

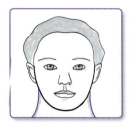
Breiter Hals: Praktische Beschäftigungen aller Art sind das Lebenselixir des betreffenden Menschen, er braucht stetige Bewegung und verfügt über große Entschlusskraft.

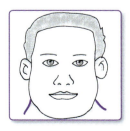
Kurzer Hals: ein Indiz für überdurchschnittliche körperliche Kräfte – und für die Neigung, schnell und unüberlegt zur Tat zu schreiten.

So, nun kennen Sie die 15 wichtigsten Merkmale des Machers.

Versuchen Sie, die 15 Merkmale aus Ihrer Erinnerung in die untenstehende Skizze einzuzeichnen.

Kommen wir zum nächsten Typus, dem *Rationalen/Bewahrer*:

Er hat einen besonderen Sinn für Zahlen, Daten, Fakten. Dementsprechend geht dieser Mensch systematisch, analytisch und strukturiert vor. Seine Lebens-Leitfrage ließe sich formulieren als: »Was bringt mir das?« Seine Entscheidungen wägt er gut ab und hat dabei auch mögliche Risiken im Auge. Sicherheit ist ihm wichtig, und er hat es gern bequem. Um sich eine Meinung zu bilden, benötigt er umfassende Informationen; er vergleicht genau und kritisiert mit Sachverstand. Gütesiegel, Tests und Gutachten sind ihm wichtig. Er benötigt Argumente auf der Sachebene, ohne »ZDF« (Zahlen, Daten und Fakten) kommt man bei ihm nicht weiter. Der Rationale legt Wert auf materiellen Besitz und ist meist kein großer Sportler. Man kann sich auf ihn verlassen, seine Beziehungen sind intensiv, langfristig und vertrauensvoll, und bei der Arbeit agiert er ernsthaft, geduldig und tatkräftig. Er arbeitet zu 100 Prozent nach Vorgaben und ist ein Vorbild für andere. Veränderungen in seinem gewohnten Umfeld mag der Rationale nicht, weil sie ihn verunsichern. Was andere Menschen von ihm halten, ist ihm wichtig. Beruflich findet man ihn häufig im Bereich der (Natur-)Wissenschaften, der Betriebswirtschaft oder der Informationstechnologie. Häufig sind Rationale auch als Controller, Buchhalter, Anwälte oder Beamte tätig.

Die Körpersprache des Rationalen

Sie ist sehr zurückhaltend und sparsam. Das ausgeprägte Selbstbewusstsein des Rationalen zeigt sich in seiner aufrechten Haltung. Er bewegt sich langsam, mit eher kleinen Schritten, ohne dabei die Arme allzu sehr zu bewegen.

Die rechte Körperhälfte wird beim Rationalen besonders intensiv genutzt, da sie von der linken Gehirnhälfte gesteuert wird, die für Logik, Regeln, Gesetze und das Verarbeiten von

Einzelheiten zuständig ist. Mimisch hat der Rationale ein echtes Pokerface: Seine Emotionen und Stimmungen kann man kaum von seinem Gesicht ablesen, deshalb hat er auch tendenziell wenig Falten.

Wie Rationale sich kleiden

Sie lieben funktionale Kleidung, dabei geht es nicht so sehr um modisches Up-to-date-Sein oder den Ausdruck von Individualität, sondern vor allem um die Angemessenheit der Kleidung. Korrekt, sauber, gepflegt – das sind die Werte, die die Rationalen bei der Auswahl ihrer Kleidung leiten.

Ihr Kommunikationsstil

Der Rationale ist kein Freund vieler Worte; er spricht klar, direkt und kommt schnell zum Punkt. Small Talk, Groß- und Netzwerkveranstaltungen sind eher nicht seine Sache; so etwas empfindet er als überflüssig. In seiner Sinneswahrnehmung ist er vor allem vom Hörsinn geprägt, was erklärt, warum sich in seinen Äußerungen häufig Wörter aus diesem Sinnesbereich finden: »hören«, »klingen«, »laut«, »leise«, »reden« … Seine besondere Befähigung zum rationalen Denken zeigt sich auch in seiner Sprache: »Ich denke«, »Das ist nicht schlüssig«, »Das klingt logisch«, »Ich sehe keine Struktur« … Der Rationale spricht eher gleichförmig. Sprechpausen sind bei ihm Verhandlungsmittel.

Das Kaufverhalten der Rationalen

Rationale prüfen das Angebot gerne genau und detailliert, sind eher ängstlich, vorsichtig, Neuem gegenüber erst einmal verschlossen. Bei ihren Kaufentscheidungen spielen Sicherheit, Vertrauen in die Marke und Qualität eine gewichtige Rolle. Rationale sind typische Stammkunden, die allerdings einen gewissen Beratungsaufwand fordern. Ihr Geschmack orientiert sich an der Masse, sie wollen nicht auffallen. Was das Geldausgeben angeht, sind Rationale eher sparsam, weil jede Ausgabe ein Risiko darstellt.

Ihre wichtigsten Werte und Gefühle
Systematik, Kontrolle, kritische Grundeinstellung, Qualität, Sparsamkeit, Tradition, Ordnung, Sauberkeit, Nutzen. Rationale haben eine Tendenz zum Schwarz-Weiß-Denken.

Woran man sie erkennt
Ähnlich wie die Macher zeichnen die Rationalen sich durch eine gewisse Kantigkeit aus. Ihr Nasenrücken ist häufig schmal. Er kann geschwungen sein oder einen Höcker aufweisen. Ihre Lippen sind schmal, die Augen sind klein und stehen eng beieinander. Proportional nimmt die Stirn in ihrem Gesicht am meisten Raum ein.

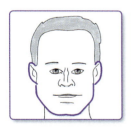 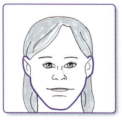 

Ausgeprägter Stirnbereich: Er ist ein Hinweis darauf, dass der betreffende Mensch im rationalen Denken zu Hause ist. Er oder sie will alles verstehen, muss viel hinterfragen. Dinge werden nur dann als real empfunden, wenn sie wissenschaftlich belegt sind.

Schmale Ohren: Sie zeigen Selbstbewusstsein und Willensstärke an. Der betreffende Mensch beharrt gerne auf seiner Sicht der Dinge und hat eine ichbezogene Lebensweise.

Leicht angewachsene Ohrläppchen: Sie stehen für ein nüchternes, rationales Vorgehen. Ihr Besitzer äußert seine Gefühle eher zurückhaltend und sparsam und benötigt finanzielle Sicherheit, um sich wohl zu fühlen.

Durchgezogene Stirnfalten: ein Indiz für ausgeprägtes Durchhaltevermögen, einen Menschen, der seine Dinge immer zu Ende bringt, der sein Leben ernst und wichtig nimmt.

Waagerechte Augenbrauen: Sie sind ein Hinweis darauf, dass der betreffende Mensch eher nachdenklich ist und genau abwägt, bevor er eine Entscheidung trifft.

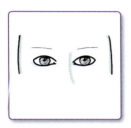

Spärliche Augenbrauen: Sie kennzeichnen einen leidenschaftslosen Menschen, der sich wenig um die Belange anderer kümmert. Lediglich im Streit sind bei ihm gefühlsmäßige Regungen zu erkennen.

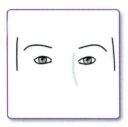

Kleine Augen: Kennzeichen für einen sehr gründlichen, akribischen Menschen, dem nichts entgeht. Neuheiten nähert er sich meist kritisch.

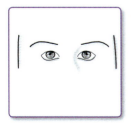

Engstehende Augen (es passt weniger als ein drittes Auge zwischen die Augen): Dieser Mensch verfügt über ein gutes Konzentrationsvermögen, erfasst die Dinge scharf und geht mit einer kritischen Grundhaltung an neue Themen heran.

Nasenhöcker oder Welle im Nasenrücken: Der Besitzer dieser Nase ist ein sehr genauer Mensch, arbeitet sorgsam und akribisch, nimmt sich Zeit für Entscheidungen.

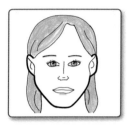

Nasenkanten: Dieser Mensch ist ständig um Optimierung bemüht. Was getan wurde, wird unter die Lupe genommen und reflektiert, um es in Zukunft noch besser zu machen.

Kleine Nasenlöcher: Sie kennzeichnen einen Menschen, der genau abwägt, wofür er Zeit und Geld investiert. Das kann bis zu einem gewissen Geiz reichen.

Nicht vorhandenes Lippenherz: Der betreffende Mensch ist eher ein introvertierter Charakter, wenig offen und empathisch für andere.

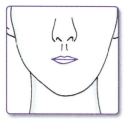

Kleiner Mund: Indiz für einen eher zurückhaltenden Menschen, der bei sich ist und nur dann spricht, wenn es nötig ist. Auch dann macht er oder sie eher wenig Worte.

Strichlippe: Dieser Mensch ist äußerst rational und eher unnachgiebig. Er oder sie ist wenig sinnlich und vor allem an Zahlen, Daten, Fakten orientiert.

Kleines, schmales Kinn: Kennzeichen eines zurückhaltenden, eher schüchternen Menschen, der vorsichtig und überlegt handelt.

Zeichnen Sie die 15 Merkmale des Rationalen in die untenstehende Skizze ein. Nicht schummeln, bitte! Versuchen Sie, die Merkmale ausschließlich aus dem Gedächtnis abzurufen.

Kommen wir zum Dritten im Bunde, dem *Emotionalen/Bequemen:*

Dieser Mensch braucht für sein Wohlbefinden das Gefühl der Harmonie mit anderen. Geht es ihm gut, strahlt er Gelassenheit, Freude und Heiterkeit aus. Der Emotionale hat ein ausgeprägtes Gespür für seine Mitmenschen. Empathie ist für ihn alles andere als ein Fremdwort. Das führt allerdings auch dazu, dass schlechte Stimmung ansteckend auf ihn wirkt. Der Emotionale hat Freude daran, anderen zu helfen. Folgerichtig ist er in seinem Umfeld beliebt, nicht zuletzt auch wegen seiner herzlichen Art. Seine Leitfrage im Leben lautet: »Was kann ich anderen Gutes tun?«

Der Emotionale mag keine Veränderungen und braucht Kontinuität und Beständigkeit. Zum Entscheiden braucht er Zeit oder gutes Zureden. Er verlässt sich gerne auf Vertrautes und handelt auf der Basis seiner Erfahrung. Beruflich ist der Emotionale im helfenden Bereich heimisch, etwa in der Pflege oder in der Psychotherapie. Auch in künstlerischen Berufen kann er Erfüllung finden.

Die Körpersprache des Emotionalen

Emotionale verfügen über vielfältige körpersprachliche Ausdrucksmittel. Es hängt von ihrer jeweiligen Gemütslage ab, ob sie eher lebhaft-ausgreifend mit Händen oder Füßen agieren oder eher vorsichtig, geduckt, mit den Händen am Bauchraum, um sich selbst zu schützen und Halt zu geben

Im Gespräch agiert der Emotionale zugewandt, sprich: Er beugt sich gerne aktiv zum anderen vor. Dabei berührt er gerne sein Gegenüber – ein Ausdruck von Vertrauen.

Wie Emotionale sich kleiden

Für Emotionale müssen Kleider in erster Linie bequem sein.

Stoffe müssen sich gut anfühlen; nichts darf zwicken oder auf der Haut scheuern. Wenn sie Kleidung kaufen, befühlen sie die Stoffe – das ist für sie wichtiger als der optische Eindruck. Emotionale mögen farbige Kleidung, weil sie damit ihre Gefühlslage zum Ausdruck bringen können. Sie können, müssen aber nicht unbedingt modeorientiert sein.

Ihr Kommunikationsstil

Wenn der Emotionale sich wohl fühlt, kann er reden wie ein Wasserfall. Er hat häufig eine hohe Stimme, und die Umwelt nimmt er vor allem über den kinästhetischen Sinneskanal wahr – deswegen spielen in seinem Wortschatz die folgenden Vokabeln eine wichtige Rolle: »fühlen«, »schmecken«, »riechen«, »weich«, »hart« … Auch das Wort »schön« sowie Steigerungsformen sind im Sprachgebrauch des Emotionalen häufig anzutreffen.

Das Kaufverhalten der Emotionalen

Es wird durch Harmonie und Geborgenheit angekurbelt. Emotionale möchten »abgeholt« werden, beraten und überzeugt werden. Sie kaufen bevorzugt Produkte mit einem guten Preis-Leistungs-Verhältnis, die der Bequemlichkeit dienen. Farbintensive Produkte dienen den Emotionalen, um ihre Gefühlswelt nach außen zu tragen. Sie schwärmen daneben insbesondere für Produkte, die mit Heim, Garten, Küche und Haustieren zu tun haben.

Ihre wichtigsten Werte und Gefühle

Kommunikation, Vertrauen, Gemütlichkeit, Geselligkeit, Problemorientiertheit, Heimat, Familie, Du-Orientierung, Gesundheit, Sicherheit.

Woran man sie erkennt

Das physiognomische Erscheinungsbild des Emotionalen ist harmonisch: Fast alles an ihm wirkt weich geschwungen und rund: Gesichtsform, Form der Augen, Augenbrauen und Lippen. Die Wangenknochen sind bei ihm meist nur schwach ausgeprägt; in den Gesichtsproportionen ist der Bereich der Nase vorherrschend. In diesem Bereich ist beim Menschen die Gesichtshaut am dünnsten, und nicht von ungefähr fassen viele Menschen sich, wenn sie emotional berührt sind, instinktiv dorthin.

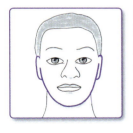

Rundes/ovales Gesicht: Zeichen für einen harmoniebedürftigen, umgänglichen und kontaktfreudigen Menschen. Stress, Streit und Dissonanzen bringen ihn aus der Spur.

Ausgeprägter Nasenbereich: Soziale Kontakte und ein stabiles, enges Umfeld sind wichtig. Dieser Mensch setzt sich gerne für andere ein.

Große, hängende Ohrläppchen: Indiz für einen Träumer und Idealisten, einen sehr gefühlvollen und bindungsorientierten Menschen.

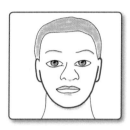

Anliegende Ohren: Sie sind ein Hinweis darauf, dass der betreffende Mensch gerne dazugehören möchte, sehr anpassungsfähig ist und eher ruhig und besonnen durchs Leben geht.

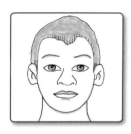

Tiefer Haaransatz: Der betreffende Mensch ist im Umgang mit anderen einfühlig und einfühlsam. Er ist ein romantisch-verspielter Typ.

Gerade Stirn: Sie ist Kennzeichen eines warmherzigen, nachsichtigen und verständnisvollen Menschen, der sich gut in andere hineinversetzen kann.

Gemütsfalte (sie verläuft auf der linken Seite der Nasenwurzel Richtung Stirn): Sie zeigt, dass der betreffende Mensch schwerwiegenden Lebensereignissen ausgesetzt war, die ihn seelisch stark berührt und/oder sein Leben verändert haben.

Geschwungene Augenbrauen: Sie charakterisieren einen heiteren, fröhlichen, umgänglichen Menschen, der auf andere sehr angenehm und begeisternd wirkt.

Große Augen: Sie sind ein Indiz für große Neugier, Offenheit und eine kommunikative Persönlichkeit. Diesem Menschen entgeht nichts, seine Augen sind immer in Bewegung

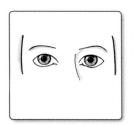

Große Pupillen sind Hinweise auf ein tiefes Gefühls- und Seelenleben, aber auch auf Offenheit und Zugänglichkeit.

Kaum sichtbare oder tiefsitzende Wangenknochen sind typisch für einen behutsamen, einfühlsamen, diplomatischen Menschen, der Bewährtes liebt und in neuer Umgebung zur Unsicherheit neigt.

Kurzes Philtrum (kurzer Abstand zwischen Nasenspitze und Oberlippe): ein Indiz für Anpassungsfähigkeit. Der betreffende Mensch hat kein Interesse an Macht und Dominanz, er ist eher ein Teamplayer als ein Alphatier.

Lippenherz: Es zeigt großes Einfühlungsvermögen für Menschen und Situationen an.

Volle Lippen (Ober- und Unterlippe) sind Anzeichen für ein tiefes Gefühls- und Seelenleben. Diese Menschen sind sehr sinnlich und leben ihre Gefühle voll und ganz aus.

 Ein *fliehendes Kinn* ist ein Indiz für einen ausgeprägten Gemeinschaftssinn und für das Streben nach Kompromissen und Versöhnung. Dieser Mensch lässt anderen gerne den Vortritt auf der großen Bühne.

Testen Sie abermals Ihr Erinnerungsvermögen und versuchen Sie, auch die 15 wichtigsten Merkmale des Emotionalen aus dem Kopf in die untenstehende Skizze zu zeichnen.

Kommen wir abschließend zum vierten physiognomischen Konstitutionstypus, dem *Visionär/Abenteurer*:

Der *Visionär/Abenteurer* ist derjenige unter uns, der sich nie zufriedengibt mit dem, was ist. Ganz anders als Rationale oder Emotionale liebt und braucht er die Veränderung. Stillstand wirkt abschreckend auf ihn. Das, was ist, hinterfragt er beständig. Er scheut Herausforderungen nicht, sagt ohne Zögern, was er denkt, und macht sich damit nicht nur Freunde. Von allen vier Typen bereitet ihm das Risiko am wenigsten Kopfzerbrechen. An der Verwirklichung seiner Pläne arbeitet der Visionär zielstrebig und kreativ. Er ist kontaktfreudig, begeisterungsfähig und reißt mit seinem großen Enthusiasmus andere Menschen mit. Sein Publikum klebt regelrecht an seinen Lippen. Er ist äußerst kreativ und humorvoll. Dank seines beweglichen Geistes kommen ihm ständig neue Ideen. Visionäre sind beruflich häufig im Bereich der Philosophie oder anderer Wissenschaften tätig, ebenso als Erfinder oder auch Künstler.

Die Körpersprache des Visionärs

Er ist nahezu immer in Bewegung, agiert unübersehbar mit Händen und Füßen. Diese Gestik kann andere mitreißen, wirkt mitunter aber auch hektisch. Die offene Armhaltung des Visionärs oberhalb der Gürtellinie zeigt seine Offenheit und seinen Optimismus. Er ist meist im Eiltempo unterwegs. Seine schnellen Bewegungen spiegeln seine flinke Auffassungsgabe. Sich zu bewegen hilft ihm beim Denken. Er ist gewissermaßen ständig auf dem Sprung – immer begierig, loszulegen und seine Ideen Wirklichkeit werden zu lassen.

Wie Visionäre sich kleiden

Kurz gesagt: einfach anders. Visionäre haben kein Problem damit, Muster und Farben wild zu mischen oder anderweitig durch Extravaganz aufzufallen. Ihr Kleidungsstil spiegelt ihre Individualität.

Ihr Kommunikationsstil

Visionäre sind die geborenen Geschichtenerzähler. Spannungsbögen aufzubauen und das Publikum durch wirkungsvolle Pausen an sich zu binden – das gehört zu ihren leichteren Übungen. Ihre Stimme ist oft tief und hat einen angenehmen Klang. Manchmal geht ihre Phantasie mit ihnen durch, dann tun andere sich schwer damit, ihnen zu folgen. Bei ihrer Wortwahl bedienen Visionäre sich gerne bei anderen Sprachen.

Das Kaufverhalten der Visionäre

Visionäre sind in ihrem Kaufverhalten geprägt von Neugier, Offenheit und dem Streben nach Neuem, Verrücktem, Einzigartigem. Produktqualität und der Preis spielen eine Nebenrolle, im Vordergrund stehen Spaß und sichtbare Mehrleistung. Als Kunde sind sie kaum zu binden, auch auf Beratung legen sie wenig Wert. Was sie interessiert, recherchieren sie selbst. Visionäre wissen genau, was sie wollen.

Ihre wichtigsten Werte und Gefühle

Kreativität, Veränderung, Spontaneität, Erlebnisorientierung, Risiko, allein etwas erreichen und/oder verändern, Eigenmotivation, Abenteurer, Spaß, Mut.

Woran man sie erkennt

Typisch für Visionäre ist ein dreieckiges Gesicht. Daneben fallen große, kantige, oft abstehende Ohren und ein Mickymaus-Haaransatz ins Auge. Die Haare eines Visionärs stehen mitunter in alle Richtungen, auch die Augenbrauen sind wild und störrisch, und der Nasenrücken ist breit und gerade. Eine ausgeprägte Kinnpartie und die sogenannte »Willensfalte«, die senkrecht direkt über der Nasenwurzel verläuft, sowie die »Befehlsfalte« quer über die Nasenwurzel vervollständigen das Bild.

Die *dreieckige Gesichtsform* ist ein Indiz für einen Menschen, der stark aus der Intuition, aus dem Gefühl heraus agiert. Dabei bleibt er jedoch meist diplomatisch und freundlich und baut auf den gesunden Menschenverstand.

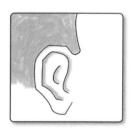

Kantige Ohren zeigen das visionäre Potenzial. Der Visionär ist anderen Menschen oft einen Schritt voraus und wird als spleenig oder verrückt wahrgenommen.

Knubbel im Ohr: ein Indiz für die »Anbindung nach oben«. Visionäre verfügen über die »Antennen«, um Dinge zu empfangen, die andere nicht wahrnehmen.

Abstehende Ohren kennzeichnen einen Menschen, der seinen eigenen Weg gehen, sich nicht anpassen, Konventionen nicht gehorchen will.

Ausgeprägte Stirnkanten sind ein Hinweis darauf, dass der betreffende Mensch nicht nur das Vermögen zur Abstraktion, sondern auch das zur Umsetzung besitzt. Die Stirnkanten sind das physiognomische Merkmal für die »Nahtstelle« zwischen Denken und Handeln.

Mickymaus-Haaransatz: Hier denkt jemand lösungsorientiert und geht konstruktiv und kreativ durchs Leben.

Y-Falte: ein Zeichen für größte Kreativität. Ideen werden gefiltert, und nur die spannendste wird umgesetzt.

Widerspenstige Haare und Augenbrauen: Dieser Mensch lässt sich nicht zähmen, hat seinen eigenen Kopf, wählt unkonventionelle Wege.

Mephisto-Augenbrauen: Achtung: Dieser Mensch birgt ein kleines Teufelchen in sich. So geformte Augenbrauen sind ein Hinweis darauf, dass der betreffende Mensch gerne stichelt, provoziert, aber auch Tacheles redet. Er oder sie scheut keinen Konflikt, bleibt jedoch meist sachlich. Zudem sind Mephisto-Augenbrauen ein Merkmal für Führungsstärke.

Tiefsitzende Augenbrauen: Sie weisen auf im Denken sehr kreative Menschen hin, die die Fähigkeit zur tiefen geistigen Konzentration und Verschmelzung mit ihrem Projekt besitzen.

Unterschiedliche Lage der Augen: Dieser Mensch kann verschiedene Blickwinkel einnehmen und sein Verhalten der Situation entsprechend variieren.

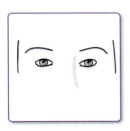
Ein *weiter Augenabstand* weist auf großes visionäres Potenzial hin. Der betreffende Mensch ist weitblickend, oft auch ein Vorreiter.

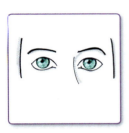
Grüne Augen sind ein Indiz für große Begeisterungsfähigkeit, Sinnlichkeit und Leidenschaftlichkeit.

Dauerhafte Wangengrübchen: Hier hat jemand Spaß an der Freude. Der betreffende Mensch liebt es, andere zu erheitern. Freude und Leichtigkeit zu vermitteln ist ihm oder ihr eine Lebensaufgabe.

Akkordeonfalten: Sie sind Kennzeichen äußerst charmanter Menschen, die sich durch Umgänglichkeit, Liebenswürdigkeit und Einfühlungsvermögen auszeichnen.

Sie haben Ihr Gedächtnis ja inzwischen trainiert – so können Sie sicher auch beim Visionär die 15 wichtigsten Merkmale ad hoc und ohne nachzuschlagen in die Skizze einzeichnen.

Sie haben nun die wichtigsten Merkmale jedes Konstitutionstyps zur Hand. Je mehr Merkmale eines der Typen Sie bei einem Menschen erkennen, umso mehr Anteile dieses Typus hat die betreffende Person. Generell gilt:

- 9 – 15 Merkmale: starke Ausprägung eines Typus – das wird sich im täglichen Leben auf alle Fälle auch ganz konkret zeigen.
- 8 – 5 Merkmale: mittlere Ausprägung des Typus: Auch sie werden im praktischen Leben »durchschlagen« und sich auf den Haupt-Konstitutionstypus auswirken.
- 4 – 0 Merkmale: minimale Ausprägung. Spuren des betreffenden Typus können sich im Alltagsleben ab und an zeigen.

Und wenn mehrere Typen zusammenkommen?

Wie Sie sich sicher vorstellen können, gibt es Konstitutionstypen, die sich gegenseitig bereichern, und solche, die sich eher behindern. Haben Sie evtl. schon eine erste Idee, welche Typen sich ideal verbinden und welche nicht?

Eine ideale Kombination stellen Macher und Visionär dar. Der Visionär mit seinen kreativen, außergewöhnlichen Ideen, seinem Weitblick und seiner Durchsetzungskraft ergänzt perfekt den Handelnden, den Umsetzenden, der sozusagen »Hummeln im Hintern« hat. Durch seine Handlungsfähigkeit ist dieser Mischtyp besonders begabt dazu, die kreativen Ansätze auch in die Realität umzusetzen.

Eine ergänzende Kombination stellt auch der rationale Typus mit dem emotionalen dar. Beide Typen sind eher gemütlich und häuslich orientiert. Beide schätzen Stabilität, Sicherheit und Struktur. Die Werte beider ergänzen sich und machen aus dem Typus einen Mischtyp, der gerne einmal mehr prüft und sich im gewohnten Alltag bewährt.

Sobald bei einem Macher oder Visionär der emotionale oder rationale Anteil überdurchschnittlich ausgeprägt ist, wird der handelnde bzw. der kreative Part schwächer, da nun die Meinung anderer eine höhere Bedeutung erhält (beim emotionalen Anteil) oder jede Idee erst einmal analytisch überprüft wird (beim rationalen Anteil).

Im Diagramm sehen Sie nochmals die Werte der vier Konstituuonstypen auf einen Blick, und wahrscheinlich können Sie mit diesem Diagramm auch leicht nachempfinden, warum sich die Typen gegenseitig ergänzen oder behindern können.

Werte und Gefühlsraum der Konstitutionstypen

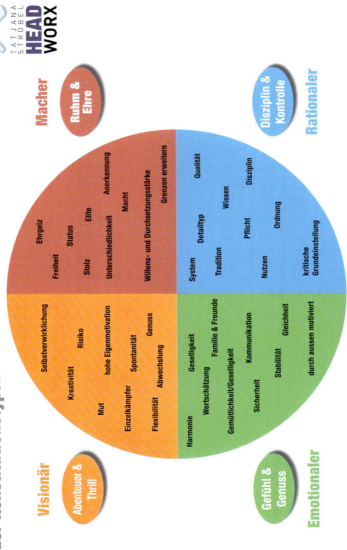

Hier kommt die erste Übung für Sie persönlich. Nehmen Sie sich doch mal alle Werte des Diagramms vor und überlegen Sie, welche Ihre persönlichen Top Ten wären. Machen Sie an diese Werte ein Kreuzchen – Ihre Auswahl kann Ihnen weiter unten, beim Konstitutionsytypen-Psychotest und auch bei Ihrer eigenen Analyse, helfen.

Damit Ihnen das Lesen von Gesichtern ab sofort schneller von der Hand geht, habe ich Ihnen in der nebenstehenden Tabelle noch einmal alle Merkmale zusammengestellt. Sie finden die Merkmalliste auch auf meiner Homepage www.tatjanastrobel.com als Excel-Datei. Für Ihre zukünftigen Analysen können Sie sich die Liste herunterladen, und wenn Sie Ihre Kreuzchen gemacht haben, erledigt Excel das Rechnen für Sie und zeigt Ihnen den jeweiligen prozentualen Anteil der verschiedenen Typen an. Natürlich können Sie aber auch mit der Liste aus diesem Buch arbeiten.

Ihr Schnelllese-System auf einen Blick:

Macher	Rationaler	Emotionaler	Visionär
Kantige Gesichtsform	Dreiteilung: Stirnbereich am größten	Rundes/ovales Gesicht	Dreieckiges Gesicht
Dreiteilung: Kinnbereich am größten	Schmale Ohren	Dreiteilung: Nasenbereich am größten	Kantige Ohren
Innenohr über Außenohr	Leicht angewachsene Ohrläppchen	Große, hängende Ohrläppchen	Knubbel im Ohr
Kurze Augenbrauen	Durchgezogene Stirnfalten	Anliegende Ohren	Abstehende Ohren
Schmal-längliche Augen	Waagerechte Augenbrauen	Tiefer Haaransatz	Ausgeprägte Stirnkanten
Ausgeprägte, hohe Wangenknochen	Spärliche Augenbrauen	Gerade Stirn	Mickymaus-Haaransatz
Gerader Nasenrücken	Kleine Augen	Gemütsfalte	Y-Falte
Breiter Nasenrücken	Engstehende Augen	Geschwungene Augenbrauen	Eigenwillige, störrische Haare und Augenbrauen
Langes Philtrum	Welle oder Höcker im Nasenrücken	Große Augen	Mephisto-Augenbrauen
Fleischige Unterlippe, schmale Oberlippe	Nasenkanten	Große Pupillen	Tiefsitzende Augenbrauen
Kantiger Kiefer	Kleine Nasenlöcher	Kaum sichtbare oder tiefsitzende Wangenknochen	Unterschiedliche Lage der Augen
Kantiges Kinn	Kein Lippenherz	Kurzes Philtrum	Weiter Augenabstand
Kinn ragt nach vorne	Kleiner Mund	Lippenherz	Grüne Augen
Breiter Hals	Strichlippe	Volle Lippen (oben wie unten)	Dauerhafte Grübchen in der Wange
Kurzer Hals	Kleines, schmales Kinn	Fliehendes Kinn	Akkordeonfalten
Gesamt:			

47

Los geht's: Ihre erste Promi-Gesichtsanalyse

Haben Sie Lust, gleich mal die Probe aufs Exempel zu machen? Dann nutzen Sie doch das Schnelllese-System, um hinter die Masken zweier sehr bekannter Persönlichkeiten zu schauen …

Schauen Sie als Erstes mal Arnold Schwarzenegger genauer ins Gesicht.

 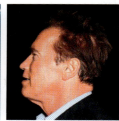

Nehmen Sie die Liste und gehen Sie systematisch alle 60 Merkmale durch. Stoppen Sie dabei die Zeit. Ziel ist es, nach 10 bis 20 Analysen auf unter drei Minuten zu kommen.
Welche physiognomischen Merkmale weist Herr Schwarzenegger auf? Welchen Typus verkörpert er? Wie beeinflusst ihn der Typus mit den zweitmeisten Merkmalen? Gehört er diesem Typus auch nach Ihrer Wahrnehmung an?
Schauen Sie sich die Werte des Haupttypus an: Treffen diese auf ihn zu?

Um Ihre neugewonnenen Erkenntnisse zu festigen, machen wir gleich noch eine Analyse. Hat Sie das Fieber schon gepackt?
Schauen wir uns eine der schönsten Frauen auf diesem Planeten an: Angelina Jolie. Rein nach Ihrer Wahrnehmung, wie würden Sie sie einschätzen? Welcher Typus dürfte ihr Haupttypus sein?

Gehen Sie wieder alle 60 Merkmale Schritt für Schritt durch. Ich bin gespannt, zu welchem Ergebnis Sie kommen!
Die Ergebnisse der beiden Analysen finden Sie im Anhang am Schluss dieses Buches.

Übrigens: Wenn Sie Menschen in Ihrem persönlichen Umfeld physiognomisch analysieren, lassen Sie sie doch an Ihren Erkenntnissen teilhaben. Nach meiner Erfahrung kommt man auf diese Weise in sehr anregende Gespräche und lernt sich noch einmal besser kennen. Natürlich spricht auch nichts dagegen, dass Sie sich von Ihren Freunden und Bekannten analysieren lassen … probieren Sie's aus, Sie werden sehen, es macht einfach nur Spaß!

Welcher Typus sind Sie selbst?

Vielleicht haben Sie sich selbst schon bei der Lektüre der letzten Seiten in einem der vier Typen wiedergefunden? Falls nicht, ist das kein Grund zur Sorge. Denn sehr viele Menschen sind Mischtypen, wobei allerdings meist ein Typus dominant ausgeprägt ist. Sie können den folgenden Test machen, wenn Sie genauer herausfinden möchten, wie Sie »ticken«. Oft hilft es auch, Freunde und Familie zu fragen, wie sie Sie wahrnehmen und was »typisch« für Sie ist.

Wie ticken Sie? Der Konstitutionstypen-Test

Verteilen Sie die Zahlen 1 – 4 auf jede der folgenden Aussagen.
- Eine 4 setzen Sie hinter die Aussage, die am besten auf Sie zutrifft.
- Eine 3 kommt hinter die Aussage, die am zweitbesten zutrifft.
- Eine 2 schreiben Sie hinter die Aussage, die am drittbesten zutrifft.
- Und die 1 schließlich vergeben Sie für diejenigen Aussagen, die kaum auf Sie zutreffen.

1. Menschen ...
   a) faszinieren und begeistern mich.
   b) nutze ich, um meine Ideen zu verbreiten.
   c) versuche ich durch meine Leistung zu beeindrucken.
   d) gehe ich eher aus dem Weg.

2. Mein Büro ist ...
   a) stylisch und modern.
   b) Ausdruck meiner Persönlichkeit.
   c) funktionell und nüchtern.
   d) gemütlich und voller Erinnerungen.

3. In meiner Freizeit …
   a) entwickle ich viele neue Ideen und verwirkliche mich selbst.
   b) bin ich aktiv und immer auf Achse.
   c) ruhe ich mich gerne aus.
   d) treffe ich mich gerne mit anderen.

4. Im Beruf …
   a) möchte ich etwas erreichen, etwas hinterlassen.
   b) mache ich das, was von mir verlangt wird.
   c) verwirkliche ich mich.
   d) möchte ich mit vielen verschiedenen Menschen zu tun haben.

5. Im Urlaub möchte ich …
   a) mich weiterbilden, Neues dazulernen.
   b) aktiv sein.
   c) vielen Menschen begegnen.
   d) spannende Abenteuer erleben.

6. Auf dem Weg zu meiner Arbeit …
   a) halte ich Ausschau nach neuen Ideen/Inspirationen.
   b) bin ich ganz mit mir oder meiner Zeitung beschäftigt.
   c) erfreue ich mich an meinem Smartphone.
   d) komme ich gerne mit anderen ins Gespräch.

7. Essen …
   a) schenkt mir neue Energie.
   b) lässt mich in andere Länder und Sitten eintauchen.
   c) ist reine Nahrungsaufnahme.
   d) ist für mich ein gesellschaftliches Ereignis.

8. Mich weiterzubilden …

   a) bringt mich finanziell weiter.

   b) lässt mich wertvolle Kontakte knüpfen.

   c) entwickelt und erweitert meine Kompetenzen.

   d) bringt mich auf meinem Weg zu Erfolg, Ruhm und Ehre weiter.

9. Kleidung kaufe ich …

   a) gerne in ausgewählten Boutiquen.

   b) in meinen Lieblingsgeschäften, wo man mich kennt.

   c) nur, wenn ich etwas benötige.

   d) in verrückten, außergewöhnlichen Ecken dieser Welt.

10. Meine Wohnung habe ich …

   a) aufgrund ihrer Ausstattung/Lage ausgewählt.

   b) anhand des Preis-Leistungs-Verhältnisses ausgewählt.

   c) wegen der Nähe zu Freunden und Arbeitsstelle gewählt.

   d) aufgrund ihrer Individualität und Einzigartigkeit ausgewählt.

11. In Sachen Hightech …

   a) bin ich immer up to date und habe die neuen Sachen gerne als Erste(r).

   b) bin ich nicht so interessiert.

   c) beobachte ich den Markt und vergleiche die Funktionen und Preise.

   d) probiere ich gerne herum.

12. Neue Medien …

   a) gehören ganz selbstverständlich zu meinem Alltag.

   b) nutze ich überwiegend beruflich.

   c) nutze ich, ziehe aber den persönlichen Kontakt zu meinen Mitmenschen vor.

   d) probiere ich aus und nutze sie für mein Fortkommen.

13. Partnersuche …

a) ist mir nicht so wichtig, entweder lerne ich jemanden kennen oder eben nicht …

b) betreibe ich in meinem engen Umfeld und am Arbeitsplatz.

c) betreibe ich immer und überall.

d) ist in meinem Leben kein Thema.

14. Mein Zuhause ist …

a) kuschelig und gemütlich eingerichtet.

b) modern und stilvoll.

c) funktional und praktisch.

d) individuell und extravagant.

15. Kleidungstechnisch …

a) liebe ich Farben und Drucke.

b) muss bei mir immer alles zusammenpassen.

c) ist mir wichtig, dass ich den Dresscode einhalte.

d) möchte ich meinen eigenen Stil leben.

16. Sport …

a) nutze ich, um wertvolle Kontakte zu knüpfen.

b) ist Zeit für mich und meine Freunde.

c) vermeide ich.

d) mache ich, um fit und aktiv zu bleiben.

17. Probleme(n) gehe ich …

a) aus dem Weg.

b) aktiv an.

c) erst an, wenn ich sie nicht mehr ignorieren kann.

d) nutze ich, um gute Lösungen zu erzielen.

18. Entscheidungen treffe ich …

a) schnell und klar.

b) wenn ich alle Fakten zusammengetragen habe.

c) ad hoc und aus der Situation heraus.

d) ungerne alleine.

19. Von meinem Chef erwarte ich …

a) klare, konkrete Anweisungen.

b) Wertschätzung und Lob.

c) Anerkennung und Freiräume.

d) Freiheit und Vertrauen.

20. Motivation erhalte ich durch …

a) mein Umfeld.

b) meinen Erfolg, meinen eigenen Antrieb.

c) meine klar definierten Anforderungen.

d) meine eigenen Ideen.

21. Mut …

a) gehört nur in Kombination mit anderen zu meinem Leben.

b) gehört klar zu meinen höchsten Werten.

c) ist mein zweiter Vorname.

d) überlasse ich gerne anderen.

22. Mich faszinieren …

a) die Geschichten anderer Menschen.

b) Erfindungen und Innovationen.

c) Erfindungen, die das Leben vereinfachen.

d) geschichtliche und politische Zusammenhänge.

23. Den roten Faden …

a) brauche ich, um mich wohl zu fühlen.

b) gebe ich mir selbst.

c) brauche ich nicht.

d) gebe ich anderen gerne vor.

24. Mein Kontostand …

a) ist mir ungefähr bekannt.

b) interessiert mich nicht so sehr.

c) ist mir jederzeit ganz genau bekannt.

d) ist für mich eine wichtige Planungsgröße.

25. Umzüge …

a) reißen mich aus meinem gewohnten Leben.

b) gehören zum Leben und Weiterkommen einfach dazu.

c) gehe ich dann an, wenn der Nutzen in einem guten Verhältnis zum Aufwand steht.

d) meistere ich mit links.

26. Erfolg ist …

a) wenn ich mich wohl fühle und respektiert werde.

b) planbar.

c) mir nicht wichtig.

d) das natürliche Ergebnis von Freude und Begeisterung.

27. In Sachen Erfahrung …

a) verlasse ich mich auf meine eigenen Erlebnisse.

b) greife ich gerne auf die Erkenntnisse von anderen zurück.

c) recherchiere ich gerne im Internet.

d) bin ich eher unbesorgt und probiere einfach aus.

28. Besondere Events plane ich gerne …

   a) spontan.

   b) langfristig, damit ich mich darauf freuen und einstellen kann.

   c) bis in kleinste Detail.

   d) aus dem Bauch heraus und nach meinen Bedürfnissen.

29. In Sachen Komfort sind mir …

   a) Sauberkeit und Ordnung sehr wichtig.

   b) Gemütlichkeit und Übersichtlichkeit sehr wichtig.

   c) Prestige und Luxus extrem wichtig.

   d) Individualität und Service sehr wichtig.

30. Stress bringt mich …

   a) an den Rand des Wahnsinns.

   b) in Bestform.

   c) in eine sachliche, ruhige Position.

   d) an meine Potenziale.

Übertragen Sie nun bitte die Zahlen jeder Antwort in genau der Reihenfolge ihrer Benennung in die nachfolgende Tabelle:

1	2	3	4	5	6	7	8	9	10
B	A	D	A	C	D	A	C	A	A
D	D	A	C	A	C	D	B	B	C
A	C	C	D	B	A	C	D	C	B
C	B	B	B	D	B	B	A	D	D

11	12	13	14	15	16	17	18	19	20
A	A	D	B	A	A	B	A	C	B
B	C	B	A	B	B	A	C	B	A
C	B	A	C	C	C	C	D	A	C
D	D	C	D	D	D	D	B	D	D

21	22	23	24	25	26	27	28	29	30
B	B	B	A	B	C	B	A	C	B
A	D	D	D	A	A	A	B	B	A
D	A	C	C	C	B	C	C	A	C
C	C	A	B	D	D	D	D	D	D

Nun zählen Sie zusammen, wie viel A-Punkte, B-Punkte, C-Punkte und D-Punkte Sie haben. Schreiben Sie die Summen unter den jeweiligen Begriff. Dort, wo die meisten Punkte stehen, liegt Ihre Tendenz bzw. Ihr Konstitutionstyp.

A = der Macher
B = der Emotionale
C = der Rationale
D = der Visionär

Überrascht Sie das Ergebnis, oder sehen Sie sich selbst auch so?

Sie können das Ergebnis des Tests überprüfen, indem Sie einen Spiegel zur Hand nehmen und Schritt für Schritt nachschauen, welche der 60 Merkmale auf Sie zutreffen.

Welcher Konstitutionstyp Sie auch sein mögen – Sie können Ihr neugewonnenes Wissen über sich und andere nun nutzen, um schneller und geschmeidiger ins Gespräch zu kommen, Konflikte zu vermeiden und natürlich auch, um erfolgreicher zu werden. Ich behaupte: Wer Menschen kennt, führt besser, verhandelt geschickter und stellt die effizienteren Mitarbeiter ein. Wer um die Zusammenhänge von Mimik, Körpersprache, Stimme, Sprechweise und Physiognomik weiß, ist klar im Vorteil, weil er innerhalb kurzer Zeit an anderen mehr sieht und mehr über sie erfährt als andere Menschen. Kurz: Menschenkenner sind erfolgreicher!

KAPITEL 2

PROMIS UND IHRE GEHEIMNISSE:
WAS UNS DIE GESICHTER BEKANNTER PERSÖN-
LICHKEITEN VERRATEN

Gesichtszüge verändern sich im Laufe des Lebens

Ist Ihnen schon aufgefallen, dass wir Menschen stetig unser Gesicht verändern? Damit meine ich hier nicht nur das einfache Älterwerden des Gesichts. Nein: Im Laufe unseres Lebens passiert so allerlei mit unseren Gesichtszügen. Nichts bleibt gleich, und neben den altersbedingten Veränderungen gibt es auch unterschiedlich starke physiognomische Wandlungen. Bei mir selbst ist es beispielsweise so, dass mein Gesicht in den letzten Jahren seine Kantigkeit verloren hat. Die Form meines Gesichts, meines Kinns und der Wangenknochen ist weicher geworden. Tatsächlich empfinde ich es so, dass meine Arbeit als Trainerin und Coach mich weicher und harmonischer gemacht hat. Obwohl die Selbständigkeit mir zeitlich einiges abverlangt, bin ich ruhiger und gelassener geworden und mehr als früher in Kontakt mit meinen Gefühlen. Sehr spannend!

Sobald es im Leben eines Menschen gravierende Kursänderungen, Schicksalsschläge oder ähnlich prägende Erlebnisse gibt, verändert sich seine Physiognomie. Die Gesichtszüge können härter oder auch weicher werden. Anhand einzelner physiognomischer Merkmale lässt sich nachvollziehen, wie und in welchen Bereichen sich ein Mensch entwickelt/verändert hat.

Nehmen Sie doch auch mal ein aktuelles und ein älteres Foto von Ihnen selbst zur Hand und vergleichen Sie beide. Lassen Sie dabei die einschlägigen Zeichen des Älterwerdens einmal beiseite und schauen Sie gezielt nach den physiognomischen Merkmalen, die Sie in Kapitel 1 kennengelernt haben. Was hat sich verändert? Schauen Sie ganz genau hin!

Zwei Gesichter? Die beiden Gesichtshälften

Sicher haben Sie auch schon bemerkt, dass wir Menschen immer eine größere und eine kleinere Gesichtshälfte haben. Dass die rechte und die linke Gesichtshälfte nicht exakt symmetrisch sind, ist schon seit der Antike bekannt. In den letzten Jahrzehnten haben sich viele Wissenschaftler mit dem Phänomen der sogenannten Lateralität (Seitigkeit) beschäftigt, allerdings unter verschiedenen Gesichtspunkten. So wurde beispielsweise der Frage nachgegangen, welche Unterschiede zwischen den Gesichtshälften konstant bleiben, und es wurde erforscht, welche unterschiedlichen Eindrücke die beiden Gesichtshälften hervorrufen. Eine weitere Frage, die die Wissenschaftler interessierte, war der Zusammenhang zwischen bestimmten Eigenschaften der Gesichtshälften und der Wahrnehmung und Verarbeitung dieser Eigenschaften durch die Gehirnhemisphären. Ein deutliches Ergebnis im Bereich der Anthropometrie (das ist die Ermittlung und Anwendung der Maße des menschlichen Körpers) erbrachte eine Untersuchung der US-Psychologinnen Elissa Koff, Joan C. Borod und Betsy White aus dem Jahr 1981. Anhand von Frontalfotografien von Studenten wurden durchschnittliche Breiten- und Flächenmaße der Gesichter errechnet. Bei Gesichtern, die eine deutliche Größenasymmetrie aufwiesen, war zu 66 Prozent die rechte Hälfte die größere. Weitere Untersuchungen führten zu den gleichen Ergebnissen.

In der Physiognomik repräsentiert die rechte Gesichtshälfte, die von der linken Gehirnhälfte gesteuert wird, unsere rationale, berufliche, männliche Seite. Die linke Gesichtshälfte, von der rechten Gehirnhälfte gesteuert, steht für unsere private, persönliche, weibliche Seite. Machen Sie doch einmal eine Rechts/rechts-links/links-Spiegelung Ihres Gesichts – dann können Sie sehr gut erkennen, wie stark die beiden Gesichtshälften sich voneinander unterscheiden. Lassen Sie sich mit einer Digitalkamera fotografieren und schauen Sie dabei möglichst gerade und mit einem neutralen Gesichtsausdruck in die Kamera. Indem Sie die Gesichtshälften dann am Computer spiegeln, können Sie zusätzlich zur normalen Gesichtsanalyse noch Ihre berufliche und Ihre private Seite analysieren und vergleichen. Natürlich funktioniert dies auch mit den Fotos anderer Menschen. Je asymmetrischer die beiden Gesichtshälften sind, umso größere Unterschiede gibt es zwischen der beruflichen und der privaten Seite. Die Spiegelung der Gesichtshälften können Sie mit den Windows-Programmen Paint.NET oder Powerpoint durchführen. Öffnen Sie Ihre Fotos in dem jeweiligen Programm, markieren Sie die eine Gesichtshälfte und kopieren Sie sie in ein neues Dokument. Anschließend wählen Sie im Menü »Drehen/Spiegeln« – und fertig!

Kinder haben noch ein relativ symmetrisches Gesicht. Erst im Laufe der Pubertät ändert sich das Verhältnis der Gesichtshälften und bestimmter Merkmale in beiden Hälften. Je nach Lebenslauf kann es gravierende Veränderungen geben. Wenn Sie diesen Veränderungen bei sich selbst in Zukunft genauer auf die Spur kommen möchten, lassen Sie am besten jedes Jahr ein neutrales »Analyse-Foto« von sich machen und spiegeln dann die Gesichtshälften.

Was die Gesichtshälften verraten

Um Ihnen einen ersten Eindruck zu vermitteln, habe ich Rechts-rechts- und Links-links-Fotomontagen von einem Teenager und einem Erwachsenen erstellt. Das Ergebnis ist faszinierend!

Auf den drei Fotos sehen Sie den 13-jährigen Dominik. Das linke Foto ist das Original, auf dem mittleren sind die beiden rechten Gesichtshälften gespiegelt und auf dem rechten Bild die beiden linken Gesichtshälften. Welche Unterschiede können Sie erkennen?

Und welche Unterschiede sehen Sie hier?

Das linke Bild ist das Original, das mittlere zeigt die berufliche Seite der Dame, das rechte Bild ihre private Seite.

_____
_____
_____
_____
_____

Nachdem Sie jetzt schon ein bisschen geübt haben, trauen Sie sich sicher auch eine Analyse der Bundeskanzlerin zu, oder? Sie können zunächst anhand des linken Bildes – des Originalfotos – den Quickcheck der 15 wichtigsten physiognomischen Merkmale durchführen. Welchem Typus entspricht Angela Merkel am ehesten? Dann können Sie sich die Spiegelung der beiden Gesichtshälften auf dem zweiten (rechte Gesichtshälfte) und auf dem dritten Foto ansehen. Wie sieht die berufliche und wie die private Seite von Angela Merkel aus?

Und zu guter Letzt können Sie schauen, welche physiognomischen Merkmale sich bei Frau Merkel im Laufe der Zeit verändert haben. Die drei nachfolgenden Bilder zeigen sie einmal als junge Frau, einmal kurz vor der Wahl 2005 und einmal vor sechs Jahren. Wie hat sich ihr Gesicht verändert? Die Auflösung finden Sie im Anhang am Schluss des Buches.

Das Geheimnis der Schönheit

Seit den späten 1960er Jahren gibt es die sogenannte Attraktivitätsforschung. Sie befasst sich mit der Wirkung körperlicher Attraktivität auf die verschiedensten Arten zwischenmenschlicher Beziehungen. Beispielsweise wurde die Frage erforscht, ob attraktiven Menschen in einer Notlage eher geholfen wird als weniger attraktiven.

Zu Beginn der Forschungen war man der Ansicht, dass Schönheit im Auge des Betrachters liegt, sich also kaum »objektiv« bestimmen lässt, sondern individuellen Geschmacksurteilen unterliegt. In den 80er Jahren wurde diese Theorie jedoch verworfen, denn es hatte sich herausgestellt, dass sich unterschiedliche Menschen in ihrem Schönheitsempfinden durchaus ähneln. Inzwischen wird davon ausgegangen, dass unser Urteil darüber, wer schön ist, nur zu etwa 50 Prozent mit unserem subjektiven, individuellen Geschmack zu tun hat. Die übrigen 50 Prozent unseres Urteils beruhen auf Kriterien, die wir mit anderen Menschen teilen, und zwar kulturübergreifend. Verblüffenderweise spielt bei unserer Einschätzung dabei ausgerechnet die Durchschnittlichkeit eines Gesichts eine große Rolle. Je durchschnittlicher und symmetrischer die Gesichtszüge, umso attraktiver finden wir sie.

Ein weiteres wichtiges Schönheitskriterium ist die Beschaffenheit der Haut: Je glatter und ebenmäßiger sie ist, umso schöner finden wir das Gesicht. Bei Frauen werden darüber hinaus solche Gesichter als besonders attraktiv angesehen, die dem sogenannten Kindchenschema entsprechen, mit weichen Formen, großen Augen, einer kleinen Kieferpartie, einem vollen Mund und einer gewölbten Stirn. Physiognomisch betrachtet sind dies Merkmale, die den emotionalen Konstitutionstypus kennzeichnen. Reifezeichen, wie beispielsweise hohe, ausgeprägte Wangenknochen und schmale Wangen, machen Frauen wie Männer anziehender. Pralle, volle Lippen sind bei Frauen ein wichtiges Attraktivitätskriterium, lassen sie doch auf einen hohen Östrogenspiegel schließen, also Weiblichkeit pur. Männer wiederum galten in den Untersuchungen der Attraktivitätsforschung als besonders anziehend, wenn sie über kantige Gesichtszüge verfügten. Allerdings waren sich diesbezüglich die Versuchsteilnehmer nicht bei allen Studien einig. Möglicherweise wird allzu große Männlichkeit auch mit negativen Eigenschaften wie Machismo, Aggressivität und Untreue assoziiert. Diese Ergebnisse decken sich übrigens auch mit den Erkenntnissen der Physiognomik.

Eine spannende Studie möchte ich an dieser Stelle nicht unerwähnt lassen: Sie legt nahe, dass ein schönes Gesicht allein nicht ausreicht, um einen dauerhaften Eindruck zu hinterlassen. Die Psychologen hatten Testpersonen jeweils für wenige Sekunden Fotos von markanten Gesichtern gezeigt, die je zur Hälfte als eher attraktiv oder eher unattraktiv eingestuft wurden. In einer zweiten Runde bekamen die Versuchspersonen erneut Gesichter gezeigt und wurden gefragt, ob sie sie wiedererkannten. Bei den attraktiven Gesichtern kam es deutlich häufiger vor, dass die Probanden sie wiederzuerkennen glaubten, obwohl sie das Foto in der ersten Runde nicht gesehen hatten. Im Fachmagazin »Neuropsychologia« ziehen die Psychologen der Friedrich-Schiller-Universität Jena folgendes Fazit: Ohne zusätzliche auffällige Merkmale oder auch Schönheitsmakel bleiben attraktive Gesichter im Gedächtnis weniger lang haften als unattraktive.

Die Forscher selbst zeigen sich verblüfft über dieses Ergebnis. »Bisher gingen wir davon aus, dass es generell leichter sei, sich als attraktiv empfundene Gesichter einzuprägen – einfach weil wir schöne Gesichter lieber betrachten«, so der Psychologe Holger Wiese. Die Wissenschaftler haben nun die Hypothese aufgestellt, dass bei attraktiven Gesichtern der Lernprozess durch emotionale Einflüsse gestört wird, die ein Wiedererkennen erschweren. Angesichts dessen lassen sich vermeintliche Schönheitsfehler doch gleich viel besser ertragen – oder?

Schauen Sie hinter die Maske der Promis

Haben Sie Lust, noch ein bisschen weiter zu analysieren? Dann nehmen Sie sich doch als Nächstes mal einen der bekanntesten und beliebtesten deutschen TV-Moderatoren vor: Thomas Gottschalk. Hier sein Porträt, wieder zunächst das Originalfoto, dann die Spiegelung der rechten und dann die der linken Gesichtshälfte:

Welchem Konstitutionstypus würden Sie Thomas Gottschalk spontan zuordnen, ohne den Quickcheck zu machen? Nicht mogeln, bitte! Lassen Sie die folgende Quickcheck-Tabelle noch ganz außer Acht ...

Der Quickcheck Thomas Gottschalk:

Macher	Rationaler	Emotionaler	Visionär
Kantige Gesichts-form ✓	Dreiteilung: Stirnbereich am größten ✓	Rundes/ovales Gesicht	Dreieckiges Gesicht
Dreiteilung: Kinnbereich am größten ✓	Schmale Ohren	Dreiteilung: Nasenbereich am größten	Kantige Ohren ✓
Innenohr über Außenohr ✓	Leicht angewach-sene Ohrläppchen	Große, hängende Ohrläppchen ✓	Knubbel im Ohr
Kurze Augen-brauen	Durchgezogene Stirnfalten ✓	Anliegende Ohren	Abstehende Ohren
Schmal-längliche Augen	Waagerechte Augenbrauen ✓	Tiefer Haaransatz	Ausgeprägte Stirn-kanten
Ausgeprägte, hohe Wangenknochen ✓	Spärliche Augen-brauen	Gerade Stirn	Mickymaus-Haar-ansatz
Gerader Nasen-rücken	Kleine Augen ✓	Gemütsfalte	Y-Falte
Breiter Nasen-rücken ✓	Engstehende Augen	Geschwungene Augenbrauen	Eigenwillige, stör-rische Haare und Augenbrauen ✓
Langes Philtrum	Welle oder Höcker im Nasenrücken ✓	Große Augen	Mephisto-Augen-brauen
Fleischige Unter-lippe, schmale Oberlippe ✓	Nasenkanten	Große Pupillen	Tiefsitzende Augenbrauen ✓
Kantiger Kiefer ✓	Kleine Nasen-löcher	Kaum sichtbare oder tiefsitzende Wangenknochen	Unterschiedliche Lage der Augen ✓
Kantiges Kinn ✓	Kein Lippenherz	Kurzes Philtrum	Weiter Augen-abstand ✓
Kinn ragt nach vorne ✓	Kleiner Mund	Lippenherz ✓	Grüne Augen ✓
Breiter Hals ✓	Strichlippe	Volle Lippen (oben wie unten)	Dauerhafte Grüb-chen in der Wange ✓
Kurzer Hals ✓	Kleines, schmales Kinn	Fliehendes Kinn	Akkordeonfalten ✓
Gesamt: 11	5	2	8

Thomas Gottschalk hat ein kantiges Gesicht. Bei der Dreiteilung des Gesichts sind der Kinn- und der Nasenbereich stark ausgeprägt. Gottschalks helle, braun-grüne Augen sind klein und schmal, die Augenbrauen tiefsitzend, kräftig und nach unten ziehend. Bei den Ohren fällt das hängende, gewissermaßen »freischwingende« Ohrläppchen auf. Das Innenohr ragt über das Außenohr, insgesamt sind die Ohren groß. Über den Augen sind ausgeprägte Stirnfalten erkennbar, wobei die untere Faltenlinie unterbrochen ist. Die Stirnwülste über den Augen sind leicht ausgeprägt. Zu verzeichnen sind außerdem noch die Motzfalte (die Querfalte am Kinn), kräftige Falten vor allem unter den Augen sowie tiefe Nasolabialfalten.

Thomas Gottschalks Kinn ist gewissermaßen »vorpreschend« und stabil. Ebenfalls stabil und breit ist die Nase, mit fleischigem Nasensteg (das ist der Bereich zwischen den Nasenlöchern). Also: Nasenbonus. Der Mund ist groß, mit Genießerlippe und eher schmaler Oberlippe. Das Lippenherz ist leicht ausgeprägt. In den Wangen gibt es dauerhafte Grübchen.

Auf den ersten Blick scheint Thomas Gottschalk der geborene Sunnyboy zu sein. Strubblig, mit wilden Locken und einem Lächeln, das jeder mag, erobert er schnell die Herzen seines Publikums. Auch seine meist auffallende Kleidung signalisiert: Das Leben ist bunt, leicht und schön. Auf den zweiten Blick zeigt sich jedoch, dass das Leben auch für ihn doch nicht ganz so leicht gewesen sein kann. Die stark ausgeprägten, tiefen Falten sprechen für sich.

Welchem Typus haben Sie Herrn Gottschalk zugeordnet? Tatsächlich ist er ein Mischtyp aus Macher und Visionär, der die Dinge verstandesmäßig zu erfassen versucht und durchaus auch mal grübelt, was am besten tun ist. Entscheidungen zu treffen fällt ihm nicht leicht. Hat er sich jedoch nach Abwägung aller

Details (denken Sie an die kleinen, schmalen Augen) einmal für etwas entschieden, dann zieht er es auch durch.

Thomas Gottschalks unterbrochene untere Stirnfalte zeigt, dass er ein »Projektmensch« ist. Das bedeutet, dass er vor allem im beruflichen Bereich immer wieder Altes loslassen und Neues beginnen muss. Die durchgezogenen Stirnfalten im oberen Bereich der Stirn wiederum zeigen, dass er klare Vorstellungen hat, dass ihm Grundsätze und Regeln im Leben wichtig sind. Wie das gesamte Gesicht lässt sich auch die Stirn in die drei Bereiche des Rationalen (oben), des Emotionalen (Mitte) und des Machers (unten) unterteilen.

Im geschäftlichen Bereich ist Thomas Gottschalk ausgesprochen willensstark und setzt seine Ziele durch. Dabei beobachtet er jedes Detail mit »Argusaugen«, will sich schützen vor List und Tücke. Nach außen zeigt er allerdings gerne, dass ihm der Schalk im Nacken sitzt, was ihn ausgesprochen sympathisch und unkonventionell wirken lässt. Sein Name »Gott-Schalk« passt perfekt zu ihm. Er ist ein Meister im Überspielen von unangenehmen Situationen. Dann gibt er sich gerne als großer Junge, der nicht erwachsen werden will und voller Gottvertrauen darauf wartet, das sich Probleme von selbst erledigen. Sein Gesicht zeigt jedoch typische Merkmale für Führungsqualitäten: die nach unten gerichtete Nasenspitze, die Delegationsfalte quer über der Nasenwurzel (auch »Befehlsfalte« genannt), die pädagogische Falte (sie verläuft rechts von der Augenbraue nach oben und zeigt die Fähigkeit an, sich auf ganz unterschiedliche Menschen einzustellen) sowie ausgeprägte Wangenknochen.

Interessant sind die Asymmetrien in Gottschalks Gesicht. Bei genauem Hinschauen erkennt man ein großes Ungleichgewicht zwischen der rechten und der linken Gesichtshälfte, dem geschäftlichen und dem privaten Bereich. Während er geschäftlich geradlinig und willensstark seine Ziele umsetzt, ist er im Privatleben eher einfühlsamer und diplomatisch. Seine hohen Wangenknochen zeigen eine gute Portion Abenteuergeist, er ist ein Mensch, für den Langeweile ein Fremdwort ist. Das Wort »Geduld« dürfte Thomas Gottschalk Schweißperlen auf die Stirn treiben – ruhig abzuwarten ist eher nicht sein Ding. Es muss spannend bleiben, auch wenn er sich dabei übernimmt und blaue Flecken einhandelt. Davon hat er schon genug bekommen, das zeigen die tiefen Krähenfüße um seine Augen.

Dank seiner großen Ohren ist Gottschalk ein guter Zuhörer, der auch Zwischentöne wahrnimmt. Seine hängenden Ohrläppchen zeigen, dass er trotz aller Widrigkeiten des Lebens eine Frohnatur ist. »Steh auf, wenn du am Boden bist«, das könnte eines seiner Lieblingslieder sein.

Die physiognomischen Kennzeichen der linken Gesichtshälfte, vor allem die Spiegelung der linken Nasenseite, sprechen dafür, dass Thomas Gottschalk im privaten Bereich wesentlich stabiler und belastbarer ist als im geschäftlichen Bereich. Das erklärt, warum er trotz seiner Attraktivität im Privatleben bisher skandalfrei geblieben ist. Stabile Beziehungen sind ihm äußerst wichtig, er braucht eine Partnerin, die ihm den Rücken freihält. Bei den Gottschalks dürfte die Redensart »Hinter jedem starken Mann steht eine starke Frau« den Nagel auf den Kopf treffen. Man könnte sogar behaupten, dass er seinen Erfolg seiner Partnerschaft und Familie zu verdanken hat.

Thomas Gottschalks Mund zeigt, dass er für die Kommunikation mit anderen Menschen geboren wurde. Gerne zeigt er die Zähne, die auch einmal schmerzhaft zubeißen können. Dass er freiheraus sagt, was er denkt, zeigt seine Motzfalte am Kinn. Leider tritt er dabei auch gerne mal in das berühmte Fettnäpfchen, was er dann mit seinem Charme zu überspielen versucht.

Gerne zeigt Thomas Gottschalk sich mit Vollbart, der seine

Umsetzungskraft unterstreicht. In der Tat steht er ihm nicht nur gut zu Gesicht, sondern lässt ihn vor allem in geschäftlichen Dingen kompetenter und männlicher wirken. Damit gewinnt Thomas Gottschalk den Respekt anderer Menschen, ohne seine verspielte Leichtigkeit einzubüßen.

Mein Fazit: Als Mischtyp aus Macher und Visionär gehört Thomas Gottschalk auf die Bühne. Beide Typen lieben es, sich vor Publikum zu präsentieren, andere zu unterhalten und zu begeistern. Das kann er, das will er und das braucht er. So bleibt abzuwarten, wann ihn das Bühnenfieber wieder einholt. Der Auftritt vor Publikum ist sein Lebenselixier. Und das Publikum braucht ihn, seine Leichtigkeit und seinen Witz. Er ist der Typ Mensch, dem man nichts für lange übelnehmen kann – was nicht zuletzt auch an seinen wunderbaren Grübchen liegt.

Lassen Sie uns als Nächstes von der nationalen Bühne auf die internationale wechseln, und vom Entertainment wieder zurück in die Politik. Werfen wir doch mal einen näheren Blick auf den amtierenden amerikanischen Präsidenten Barack Obama:

Beim Quickcheck und der Gesamtanalyse seines Gesichts helfe ich Ihnen; danach sind Sie dann alleine dran …

Hier also der Quickcheck Barack Obama:

Macher	Rationaler	Emotionaler	Visionär
Kantige Gesichtsform	Dreiteilung: Stirnbereich am größten	Rundes/ovales Gesicht ✓ links	Dreieckiges Gesicht ✓
Dreiteilung: Kinnbereich am größten ✓	Schmale Ohren	Dreiteilung: Nasenbereich am größten	Kantige Ohren ✓
Innenohr über Außenohr ✓	Leicht angewachsene Ohrläppchen	Große, hängende Ohrläppchen ✓	Knubbel im Ohr ✓
Kurze Augenbrauen	Durchgezogene Stirnfalten	Anliegende Ohren	Abstehende Ohren ✓
Schmal-längliche Augen ✓	Waagerechte Augenbrauen ✓	Tiefer Haaransatz	Ausgeprägte Stirnkanten ✓
Ausgeprägte, hohe Wangenknochen ✓	Spärliche Augenbrauen	Gerade Stirn	Mickymaus-Haaransatz
Gerader Nasenrücken ✓	Kleine Augen	Gemütsfalte ✓	Y-Falte
Breiter Nasenrücken ✓	Engstehende Augen	Geschwungene Augenbrauen	Eigenwillige, störrische Haare und Augenbrauen ✓
Langes Philtrum	Welle oder Höcker im Nasenrücken	Große Augen	Mephisto-Augenbrauen
Fleischige Unterlippe, schmale Oberlippe ✓	Nasenkanten	Große Pupillen	Tiefsitzende Augenbrauen ✓
Kantiger Kiefer	Kleine Nasenlöcher	Kaum sichtbare oder tiefsitzende Wangenknochen	Unterschiedliche Lage der Augen ✓
Kantiges Kinn	Kein Lippenherz	Kurzes Philtrum ✓	Weiter Augenabstand ✓ rechts
Kinn ragt nach vorne ✓	Kleiner Mund	Lippenherz ✓	Grüne Augen
Breiter Hals	Strichlippe	Volle Lippen (oben wie unten)	Dauerhafte Grübchen in der Wange
Kurzer Hals ✓	Kleines, schmales Kinn ✓	Fliehendes Kinn	Akkordeonfalten
Gesamt: 9	2	5	9

Bei Barack Obama trifft der Macher auf den Visionären. Für einen Politiker ist dies ein außergewöhnliches Profil, doch es wird einsichtiger anhand der Gesamtanalyse, die ich mit allen mir zur Verfügung stehenden Merkmalen durchgeführt habe:

Barack Obamas Gesicht weist zahlreiche Sympathiemerkmale auf. Seine dreieckige Gesichtsform deutet auf einen diplomatischen und emphatischen Menschen hin. Allerdings wird Obamas Gesicht in den letzten Jahren immer kantiger, was darauf hinweisen könnte, dass er immer härter darum kämpfen muss, sich durchzusetzen ... und oft auch die Zähne zusammenbeißen muss. Das ausgeprägte Lippenherz beschert ihm einen Sympathiebonus besonderer Art. Seine buschigen, stabilen Augenbrauen und auch die Nase zeigen Vitalität und Schaffenskraft. Seine dunklen Augen lassen ihn leidenschaftlich, aber auch geheimnisvoll wirken. Auf den ersten Blick ein Mensch, den Mann/Frau einfach sympathisch finden *muss*. Barack Obama ist das klassische Beispiel für einen Menschen mit Ausstrahlung und Charisma, den man einfach nicht übersehen kann.

Die Dreiteilung seines Gesichts mit dem am stärksten ausgeprägten Kinnbereich zeigt, dass er zum Typus des Machers gehört. Er möchte Dinge anpacken und auch umsetzen. Er möchte, dass es Menschen gutgeht – dies zeigt das Lippenherz ebenso wie die vollen, vorgewölbten Lippen und die hängenden Ohrläppchen. Zugleich ist ihm Anerkennung von außen wichtig, wie seine fleischige Nase, sein nach vorne ragendes Kinn und die vorgewölbte Innenohrleiste zeigen. Er weiß, wie man mit Menschen umgehen muss, um ihr Herz zu gewinnen; zugespitzt ausgedrückt: Er weiß um seine Fähigkeit zur Manipulation. Barack Obama kann Menschenmassen mit einem bloßen Lächeln begeistern und ist dabei ausgesprochen einfühlsam. Seine genaue und strategische Beobachtungsgabe, erkennbar an den schmal-länglichen Augen und den waagerechten Augenbrauen, lässt ihn auch das kleinste Detail erkennen, so dass es schwer ist, ihn hinters Licht zu führen. Dieser Mensch schaut genau hin, verfügt aber gleichzeitig auch über Weitblick; er überlässt nichts dem Zufall.

Seine Ohren zeigen, dass er ein guter Zuhörer ist, der auch die Zwischentöne erkennt. Er denkt und handelt gerne eigensinnig, sowohl im privaten als auch im geschäftlichen Sinne – achten Sie auf die buschigen Augenbrauen, die widerspenstigen Haare, die abstehenden Ohren. Er ist ein Querdenker vor allem in strategischen Dingen. Sollte er einmal vom Leben gebeutelt werden, so gehört er zu den »Stehaufmännchen«, die sich schnell erholen und weitergehen. Dafür spricht seine dicke Haut ebenso wie sein durchtrainierter Körper und die unterschiedliche Lage seiner Augen. »Schau nach vorne, es geht immer weiter« könnte eines seiner Lebensmottos sein.

Obamas Unterlippe zeigt sein »Genießer-Potenzial«. In der Gesamtbeurteilung seines Gesichts könnte man darauf schließen, dass er auch seine Arbeit und seine Position genießen will. Er möchte Spaß und Freude, auch bei der Arbeit. Sein Lohn ist die Anerkennung durch andere Menschen, sein Genuss ist die Macht, die er durch sein Handeln gewinnt.

Trotz seiner ausgeprägten diplomatischen Fähigkeiten tritt er immer wieder auch mal ungewollt ins Fettnäpfchen, vor allem dann, wenn er seinen Willen durchsetzen möchte. Die Kinnquerfalte (Motzfalte) zeigt einen Menschen, der sagt, was er denkt. Allerdings übersetzt seine Wortwahl die Stimme seines Denkens manchmal zu schnell, so dass seine Äußerungen als unüberlegt erscheinen. Gerade von einem Politiker erwartet man, dass er jedes Wort auf die Goldwaage legt; das ist jedoch nicht Barack Obamas Ding. Auf diese Weise handelt er sich immer wieder Probleme und Kritik ein. Seine Antwort würde dann lauten: »Das habe ich doch gar nicht so gemeint.« Bei einem Politiker mit so viel Macht kann diese Eigenschaft je nach Situation positiv, aber auch sehr negativ wirken.

Die Falten zwischen Barack Obamas Augen zeigen, dass er in seinem Leben schon so manche Herausforderung bestehen musste. Die Seelenfalte am linken Auge ist sehr ausgeprägt. Dieser Mensch hat schon Schicksalsschläge gemeistert. Auch die leichte Grübchenbildung am Kinn bestätigt diese Aussage. Die Führungsfalte am rechten Auge zeigt, dass er Menschen anleiten und auch führen kann und will. Diese Falte ist jedoch, gemessen an Obamas Position, eher schwach ausgeprägt. Seine Stirn zeigt wenig Faltenbildung: Er ist nicht der Grübler und Denker, sondern handelt eher aus dem Bauch heraus. Sorgen und Probleme versucht er mit seiner Ausstrahlung und seiner diplomatischen Begabung zu bewältigen. Auffallend ist die sehr ausgeprägte Nasolabialfalte (die Falte zwischen Nase und Mund). Diese Falte bildet sich, wenn es im Leben schon viele Enttäuschungen zu meistern gab.

Mein Fazit: Barack Obama ist nicht die klassische Politikerpersönlichkeit. Physiognomische Merkmale von Willensstärke und Durchsetzungsvermögen sind bei ihm eher schwach ausgeprägt. Was ihn auszeichnet, ist sein unglaubliches Charisma, das durch seine Gesichtsform, seine Lippen und seine starken Augenbrauen unterstrichen wird. Seine diplomatischen Fähigkeiten sind weit überdurchschnittlich ausgeprägt, vor allem im geschäftlichen Bereich. Durch seine ausgesprochen stark ausgeprägte analytische und strategische Sichtweise ist er ein Mensch, der nicht nur ein feines Gespür für die kleinsten Details von Ereignissen hat, sondern auch über ein großes Maß an Weitsicht und Einsicht verfügt.

Barack Obama sind wirtschaftliches Wohlergehen, Macht und Status für sich selbst, aber auch für andere Menschen sehr wichtig. Er ist ein Mensch, der von Idealen geprägt ist und über feste Wertvorstellungen und einen Hang zu sozialem Handeln verfügt. Menschen sind ihm sehr wichtig, das zeigt seine Mimik eindeutig an. Er weiß allerdings auch um seine Wirkung und um seine Ausstrahlung auf Menschen und kann sie gezielt und situationsgerecht einsetzen. Sein Publikum erreicht er dennoch aus seiner Seele heraus, was ihn zu einem besonders sympathischen und glaubwürdigen Menschen macht.

Seine Mimik wirft allerdings – bezogen auf seine Position – auch ein paar Fragezeichen auf. Durchsetzungsvermögen, Stabilität, Standfestigkeit und Willensstärke sind bei ihm eher schwach ausgeprägt. Auch ist er nicht der Typ, der »auf den Tisch hauen« kann. So etwas widerstrebt ihm. Sollte er doch einmal mit dem Kopf durch die Wand wollen – was durchaus vorkommt –, so ist dies darauf zurückzuführen, dass er für seine Ideale brennt. Wenn es um das Durchsetzen seiner Wertvorstellungen geht, aber auch um den Erhalt und die Umsetzung seiner Macht, brennen Obama gerne auch mal die Sicherungen durch.

Er ist damit auch nicht die klassische Führungspersönlichkeit, aber vielleicht Repräsentant einer neuen Art von Führung. Er liebt Ordnung und Struktur, aber gleichzeitig liegt ihm das Schmieden von Zukunftsplänen im Blut. Als geborener Visionär liebt er es, Veränderungen in Gang zu setzen, möchte jedoch situationsbedingt auch an Traditionen festhalten. Mit seiner unkonventionellen Art und Weise und seiner Dynamik im Denken und Handeln stößt er vor allem bei konservativ denkenden Menschen auf Widerstand.

Weil er es allen recht machen möchte, verfällt Barack Obama immer wieder auch ins Zweifeln und verliert für einen Menschen in seiner Position zu schnell seine Spur. Der Zweifel schwächt seine diplomatische Begabung und wahrscheinlich auch seine Intuition und sein Bauchgefühl. In diesen Momenten handelt er dann eher unkontrolliert, was ihm später aufrichtig leidtut. Mit dieser Disposition ist er auf der Weltbühne der Politik immer angreifbar. Sie birgt die Gefahr von Fehlentscheidungen, deren Konsequenzen die gesamte Weltbevölkerung zu tragen hat.

Aus »Yes, *we* can« sollte bei Barack Obama mehr »Yes, *I* can« werden. Wie andere über das denken, was er tut, sollte er sich in höherem Maße egal sein lassen. Wenn es ihm gelingt, dies umzusetzen, werden wir einen Politiker erleben, der in der Lage ist, die Welt im positiven Sinne »aus den Angeln zu heben«. Achtet er jedoch zu sehr darauf, wie andere über ihn urteilen, setzt er sich der Gefahr aus, fremdbestimmt und manipuliert zu werden.

Nun sind Sie wieder an der Reihe. Was sind die Unterschiede zwischen der privaten und der beruflichen Seite Obamas?

Lassen Sie uns noch ein bisschen bei der Politik bleiben und uns einem Mann zuwenden, der auf dem politischen Parkett eine ebenso schillernde wie umstrittene Persönlichkeit ist: Silvio Berlusconi. Hier ein Porträtfoto und die Spiegelung der Gesichtshälften:

Natürlich können Sie, wenn Sie mögen, den Quickcheck erst einmal für sich selbst machen und dann Ihr Ergebnis mit meinem vergleichen …

Quickcheck Silvio Berlusconi:

Macher	Rationaler	Emotionaler	Visionär
Kantige Gesichts-form ✓	Dreiteilung: Stirnbereich am größten ✓	Rundes/ovales Gesicht	Dreieckiges Gesicht
Dreiteilung: Kinnbereich am größten ✓	Schmale Ohren	Dreiteilung: Nasenbereich am größten	Kantige Ohren
Innenohr über Außenohr ✓	Leicht angewach-sene Ohrläppchen	Große, hängende Ohrläppchen ✓	Knubbel im Ohr
Kurze Augen-brauen	Durchgezogene Stirnfalten	Anliegende Ohren ✓	Abstehende Ohren
Schmal-längliche Augen	Waagerechte Augenbrauen	Tiefer Haaransatz	Ausgeprägte Stirn-kanten
Ausgeprägte, hohe Wangenknochen	Spärliche Augen-brauen	Gerade Stirn	Mickymaus-Haar-ansatz
Gerader Nasen-rücken ✓	Kleine Augen ✓	Gemütsfalte ✓	Y-Falte
Breiter Nasen-rücken ✓	Enge Augen ✓	Geschwungene Augenbrauen	Eigenwillige, stör-rische Haare und Augenbrauen
Langes Philtrum	Welle oder Höcker im Nasenrücken	Große Augen	Mephisto-Augen-brauen ✓
Fleischige Unter-lippe, schmale Oberlippe	Nasenkanten	Große Pupillen	Tiefsitzende Augenbrauen
Kantiger Kiefer	Kleine Nasen-löcher	Kaum sichtbare oder tiefsitzende Wangenknochen	Unterschiedliche Lage der Augen ✓
Kantiges Kinn	Kein Lippenherz ✓	Kurzes Philtrum	Weiter Augen-abstand
Kinn ragt nach vorne	Kleiner Mund	Lippenherz	Grüne Augen
Breiter Hals ✓	Strichlippe ✓	Volle Lippen (oben wie unten)	Dauerhafte Grüb-chen in der Wange
Kurzer Hals ✓	Kleines, schmales Kinn	Fliehendes Kinn	Akkordeonfalten
Gesamt: 7	5	3	2

Die Form von Silvio Berlusconis Gesicht ist kantig.

In seinem Gesicht sind der Stirn- und der Kinnbereich deutlich ausgeprägt – an erster Stelle steht bei ihm das Handeln, dann das Denken und Abwägen. Der emotionale Bereich ist am geringsten ausgeprägt.

Seine Augenbrauen sind dicht und markant, und es sind Mephisto-Augenbrauen. Die braunen Augen sind klein und schmal, nach einigen Liftings nur noch Schlitze. Auf älteren Fotos ist Berlusconis linke Auge meist fast geschlossen, auf jeden Fall auffallend schmaler als das rechte: ein Indiz dafür, dass er im Privaten nichts sehen und wahrnehmen möchte und niemanden gelten lässt außer sich selbst. Die Ohren sind groß, sehr anliegend, sehr hoch angesetzt (das Zeichen für einen Schnellentscheider), mit auffälliger Delegationsfalte. Was die Falten angeht, ist eine Gemütsfalte festzustellen. Auch wenn man es nicht glauben mag: Silvio Berlusconi dürfte der eine oder andere Schicksalsschlag durchaus zugesetzt haben. Tränensäcke und die ausgeprägte Nasolabialfalte unterstreichen diesen Eindruck. Unterbrochene Stirnquerfalten und Denkerfalten weisen ihn als Strategen aus, der immer mal wieder seine Meinung ändert und Abwechslung braucht. Berlusconis Lippen sind schmal (Strichlippen), was ihn als wenig gefühlvoll kennzeichnet, die Mundwinkel sind nach unten gezogen, die Unterlippe ist leicht gewölbt. Auf den meisten Fotos kneift er die Lippen fest zusammen – ein Anzeichen dafür, dass er Gefühle gerne beiseitedrängt und andere Menschen ausschließt. Wenn er lächelt, dann ist es ein sogenanntes soziales Lächeln, das heißt, ein unechtes Lächeln, bei dem die Augen sich nicht zusammenziehen – er setzt es bewusst ein, um andere einzulullen. Das Kinn ist auf früheren Fotos stabil, inzwischen stabil geliftet. Die Stirn ist hoch, mit Augenbrauenpolstern – ein Zeichen für einen Menschen vom rationalen Typus, der auch gerne mal selbst Hand anlegt.

Silvio Berlusconi ist nicht nur unter physiognomischer Betrachtungsweise eine Herausforderung. Was verbirgt sich hinter diesem Gesicht, fragt man sich unwillkürlich. Eine Frage, die nicht leicht zu beantworten ist. Berlusconi ist bekannt dafür, dass er die Veränderungsmöglichkeiten der Gesichtschirurgie in Anspruch nimmt; offensichtlich ist er mit seinem Äußeren nicht zufrieden.

Je nach Umfang können Schönheitsoperationen eine starke optisch verändernde Wirkung haben, ja sogar die Ausstrahlung eines Menschen komplett verwandeln. Denken Sie beispielsweise an jemanden, der sich wegen seiner schiefen Zähne jahrzehntelang nicht getraut hat, den Mund aufzumachen, und dann, nachdem das Gebiss »gerichtet« wurde, durch ein strahlendes Lächeln auf sich aufmerksam macht, das natürlich auch Ausdruck seines veränderten inneren Befindens ist. Viele Menschen lassen jedoch bei Schönheitsoperationen nur ein einzelnes physiognomisches Merkmal korrigieren – etwa Schlupflider entfernen, die Oberlippe aufpolstern, einen Nasenhöcker entfernen. Dies schwächt zwar den vorhandenen physiognomischen Grundtypus ab, hat aber ansonsten keine gravierenden Auswirkungen auf die physiognomische Analyse. Gar nicht so selten übrigens lösen operativ angelegte Ohren sich wieder ab, stellen weggespritzte Falten sich wieder ein, bildet ein Nasenhöcker sich von neuem. Menschen, die sich immer wieder operativ »verschönern« lassen, haben meiner Erfahrung nach oft sehr wenig Bezug zu sich selbst. Für sie ist stattdessen zentral, einer ästhetischen Norm zu entsprechen. Meine Geschäftspartnerin Dr. Cynthia Wolfensberger, passionierte Schönheitschirurgin, bestätigt mir diesen Eindruck. Persönlich finde ich es viel ästhetischer, wenn das Gesicht die Individualität und das Zu-sich-selbst-Stehen eines Menschen zeigt. Nichts macht einen Menschen spannender, schöner und anziehender als gewisse Makel, die ganz selbstverständlich zu ihm gehören.

Darum möchte ich an dieser Stelle ein ausdrückliches Plädoyer für Falten abgeben. Klar: Niemand liebt seine Falten – aber das Unterspritzen mit Botox führt dazu, dass Menschen ihre Gefühle mimisch nicht mehr ausdrücken können. Gerade die Stirn-Augen-Region bewegt sich pro Tag ca. 100 000-mal; sie ist quasi die Leinwand unserer Gefühle. Wird diese Gesichtsregion ruhiggestellt, hat das frappierende Auswirkungen auf die Außenwirkung. Ein Mensch, dem man seine Gefühle nicht mehr ansehen kann, weckt bei anderen Verunsicherung und Misstrauen. Kein Wunder: Wie soll man noch einschätzen, ob der oder die Betreffende authentisch agiert oder nicht? Unser Gehirn meldet uns beim Betrachten eines regungslosen Gesichts: Vorsicht – mit dieser Person stimmt etwas nicht! Die normale Reaktion ist dann der Rückzug ... Also: Haben Sie den Mut, zu Ihren Falten zu stehen! Sie haben etwas mit Ihnen zu tun, und viele von ihnen sind die schöne Folge von ganz besonderen Momenten Ihres Lebens. Darum lautet mein Credo: Just be yourself.

Im Anhang finden Sie eine Auflistung aller Falten und ihrer Bedeutung ... schwelgen Sie ruhig mal darin und schauen Sie sich Ihre eigenen Falten an – vielleicht werden Sie sie dann mehr lieben.

Zurück zu Herrn Berlusconi: Sie sehen oben ein älteres und ein neueres Foto von ihm. Auf dem älteren sind seine Gesichtszüge noch relativ unverfälscht zu sehen.

Berlusconi trägt alle physiognomischen Merkmale eines Erfolgsmenschen. Seine quadratische Gesichtsform spricht für Willensstärke und Führungsqualitäten. Die bereits besprochene Dreiteilung des Gesichts zeigt, dass er vorrangig ein Macher ist, gepaart mit Anteilen des rationalen Typus. Dieser Mensch hat einen Plan im Kopf, hat alles bis ins Detail durchdacht und kann es auch umsetzen. Sein Motto dabei könnte lauten: »Koste es, was es wolle.« Ein Plan ist für Silvio Berlusconi immer dann gut, wenn er Geld, Macht und vor allem Anerkennung für seine einzigartige Persönlichkeit bringt.

Damit ist er weniger ein Charismatiker als vielmehr eine durchsetzungsstarke, harte Persönlichkeit. Er weiß, wie er sich in der Öffentlichkeit in Szene setzen muss. Durch seine situationsbedingt hervorragend eingesetzte Körpersprache verschafft er sich Gehör, Aufsehen und Respekt.

Berlusconis besonders schmale Oberlippe zeigt ebenfalls, dass sein Leben durch rationales Denken bestimmt wird; die ausgeprägte Unterlippe bringt den Genießer-Anteil in ihm zum Vorschein. Hatte er auf älteren Fotos noch ein leicht angedeutetes Lippenherz, so ist dies auf jüngeren Fotos nicht mehr zu erkennen. Inzwischen bleibt nicht mehr viel übrig, um Herzlichkeit und Gefühle in seiner Mimik zu finden. Die zahlreichen Hinweise auf den rationalen und visionären Anteil seiner Persönlichkeit in der Mimik deuten stark darauf hin, dass echte Gefühle für ihn ein Fremdwort sind. Sieht man ihn lachen oder lächeln, so sind selten die Augen beteiligt, was darauf schließen lässt, dass er gerne »gute Miene zum bösen Spiel« macht.

Silvio Berlusconis Nase ist breit und stattlich ausgeprägt; sie zeigt damit Stabilität, Vitalität und einen »guten Riecher« an. Betrachten wir seine Augen, so ist zumindest auf älteren Bildern zu erkennen, dass sie sehr unterschiedlich sind. Das linke Auge ist noch schmaler als das rechte Auge, was bedeutet, dass Berlusconi scharfblickend und detailverliebt ist. Weiterhin stehen seine Augen nah zusammen, was zum einen auf »Engstirnigkeit« im Denken und Handeln, aber auch auf Misstrauen anderen Menschen gegenüber hindeutet. In der Vergangenheit waren Berlusconis Augen gerahmt von großen Tränensäcken und dunklen Rändern. Beides lässt darauf schließen, dass er Genussmittel aller Art sehr schätzt. Darüber hinaus zeugen beide Merkmale von zu wenig und schlechtem Schlaf, zu wenig Achtsamkeit sich selbst und seinem Körper gegenüber. Tränensäcke bilden jedoch auch Menschen aus, die von zu vielen Ängsten und Sorgen geplagt werden. Möglicherweise ist dies auch bei Silvio Berlusconi so – seine äußere Betriebsamkeit könnte dann auch der Versuch sein, diese Ängste zu überspielen.

Seine rötliche Gesichtsfärbung ist ein Indiz dafür, dass er schnell in Wallung gerät und ein großes Aggressionspotenzial in sich trägt. So beherrscht er nach außen scheinen mag, so geballt ist die Faust in seiner Tasche. Er muss sich ein Ventil suchen, um einen inneren Ausgleich zu finden. Silvio Berlusconi hat sich zu diesem Zweck ein exzessives Liebesleben ausgesucht.

Betrachtet man seine Ohren, so sind diese ausgesprochen anliegend, sowohl auf der rechten als auch auf der linken Gesichtsseite. Trotz ausgeprägter Führungsqualitäten, die sich bei der Betrachtung seiner Ohren zeigen (große Ohren mit ausgeprägter Innenohrleiste), ist er also ausgesprochen anpassungsfähig. Er kann sich extrem schnell auf wechselnde Situationen einstellen, Stimmungen wahrnehmen, die in der Luft liegen, und sie seinen eigenen Interessen zunutze machen. Er leistet keinen Widerstand, wenn etwas nicht so läuft, wie er es sich erhofft hat. Stattdessen zieht er sich zurück und denkt nach. Dann schmiedet er einen Plan und setzt ihn um. Nicht von ungefähr wird er gerne als Schlange Kaa karikiert. Er ist biegsam, und wenn nötig, streift er die alte Haut ab, um sich in neuem Kostüm zu zeigen.

Das allerdings ist auf die Dauer sehr anstrengend. Silvio Berlusconi setzt sich mit Konflikten nicht auseinander, sondern versucht sie mit Macht und Geld zu regeln. Damit aber gerät er in Verstrickungen, die ihm in den letzten Jahren ja auch tatsächlich zum Verhängnis wurden.

Die Fotos der letzten Jahre zeigen, welche Bestandteile seiner Mimik er operativ verändern ließ. Die Chirurgen haben sein Gesicht unter anderem aufgepolstert, was es noch quadratischer und damit den Mann noch willensstärker erscheinen lässt. Leider wurden die Augen dadurch noch kleiner und schmaler. Übertragen könnte man sagen: Berlusconi verliert sich immer mehr im Detail, was ihn den Überblick über das große Ganze kostet. Die sich immer weiter schließenden Augen sind auch ein Indiz dafür, dass er sich Neuem gegenüber verschließt, sowohl geschäftlich als auch privat.

Auf neueren Fotos ist von Augenfalten und Tränensäcken kaum noch etwas zu sehen. Der Preis dafür: Das Gesicht ist immer weniger Persönlichkeitsausdruck und immer mehr Maske, bewegungs- und ausdruckslos. Bleibt zu spekulieren, wie lange es dauert, bis Silvio Berlusconi diese Maske verliert. Denn hinter ihr verbirgt sich ein Mensch, der nie gelernt hat, seine Gefühle zu zeigen oder gar zu leben. Er braucht daher sowohl geschäftlich als auch privat immer wieder den Kick des Exzessiven, um seine Lebenskraft überhaupt noch zu spüren.

Dass jemand sein Gesicht operativ verändern lässt, kann aber auch anzeigen, dass der betreffende Mensch auf der Suche nach seinem wahren Ich ist. Darin ist Silvio Berlusconi vergleichbar mit Michael Jackson. Dieser verlor seine unglaubliche Vitalität und Belastbarkeit unter dem Skalpell, als er seine Nase mehrfach verändern, seine Haut bleichen und ein Kinngrübchen modellieren ließ.

Mein Fazit: Silvio Berlusconi ist dabei, seinen scharfen Blick und vor allem den Überblick zu verlieren. Er kann die Möglichkeiten nicht mehr »sehen« und stolpert zunehmend über seine eigenen Verstrickungen. Das verraten seine Augen. Wir dürfen gespannt sein, wie sein Lebensweg weitergeht.

Welches Bild haben Sie von John F. Kennedy? Was für ein Mensch war er Ihrer Meinung nach? Notieren Sie sich vier, fünf Stichpunkte und machen Sie anschließend den Quickcheck. Entspricht das Ergebnis Ihrer ersten Einschätzung?

Quickcheck John F. Kennedy:

Macher	Rationaler	Emotionaler	Visionär
Kantige Gesichts-form ✓	Dreiteilung: Stirnbereich am größten	Rundes/ovales Gesicht	Dreieckiges Gesicht
Dreiteilung: Kinnbereich am größten ✓	Schmale Ohren	Dreiteilung: Nasenbereich am größten	Kantige Ohren ✓
Innenohr über Außenohr ✓	Leicht ange-wachsene Ohr-läppchen ✓	Große, hängende Ohrläppchen	Knubbel im Ohr
Kurze Augen-brauen	Durchgezogene Stirnfalten	Anliegende Ohren	Abstehende Ohren ✓
Schmal-längliche Augen ✓	Waagerechte Augenbrauen ✓	Tiefer Haaransatz ✓	Ausgeprägte Stirn-kanten
Ausgeprägte, hohe Wangenknochen	Spärliche Augen-brauen	Gerade Stirn	Mickymaus-Haar-ansatz
Gerader Nasen-rücken ✓	Kleine Augen	Gemütsfalte ✓	Y-Falte
Breiter Nasen-rücken ✓	Engstehende Augen ✓	Geschwungene Augenbrauen	Eigenwillige, stör-rische Haare und Augenbrauen
Langes Philtrum ✓	Welle oder Höcker im Nasenrücken	Große Augen	Mephisto-Augen-brauen
Fleischige Unter-lippe, schmale Oberlippe	Nasenkanten	Große Pupillen	Tiefsitzende Augenbrauen
Kantiger Kiefer ✓	Kleine Nasen-löcher	Kaum sichtbare oder tiefsitzende Wangenknochen ✓	Unterschiedliche Lage der Augen
Kantiges Kinn	Kein Lippenherz	Kurzes Philtrum	Weiter Augen-abstand
Kinn ragt nach vorne	Kleiner Mund	Lippenherz ✓	Grüne Augen
Breiter Hals	Strichlippe	Volle Lippen (oben wie unten) ✓	Dauerhafte Grüb-chen in der Wange
Kurzer Hals ✓	Kleines, schmales Kinn	Fliehendes Kinn	Akkordeonfalten ✓
Gesamt: 9	3	5	3

John F. Kennedy hat ein quadratisch geformtes Gesicht. In der Dreiteilung des Gesichts ist der Kinnbereich am größten. Die Augenbrauen sind weder besonders dicht noch besonders schmal, rund und offen. Die dunkelbraunen, mittelgroßen Augen sind engstehend und schräg. Zieht man vom Tränenkanal in der Nähe des inneren Augenwinkels eine imaginäre Linie zur Lidfalte, so zeigt sich, dass der Augenwinkel gerade ist – ein physiognomisches Anzeichen für Realismus. Die Ohren sind abstehend, mit leicht angewachsenem Ohrläppchen rechts und stark angewachsenem Ohrläppchen links. Ihre Form ist schmal und kantig; das Innenohr ragt über das Außenohr.

An Falten sind auszumachen: durchgezogene Stirnfalten, die Gemütsfalte, die Motzfalte, aber interessanterweise eine kaum ausgebildete Nasolabialfalte. Die Augenfalten ziehen nach unten. Der Mund ist voll, rund und vorspringend. Die Stirn hat Stirnhöcker; die Nase ist groß, breit und stabil, das Haar voll und dicht.

John F. Kennedy zeigt in seinen Gesichtszügen fast alle Faktoren, die auf einen Erfolgsmenschen hinweisen. Sein Gesicht strahlt Herzlichkeit, Güte, aber auch Willensstärke und Handlungsbereitschaft aus. Insgesamt hat es eine sehr vitale und vertrauenswürdige Anmutung, was ihm ein besonderes Charisma gibt. Kein Wunder also, dass er vor allem bei Frauen einen Stein im Brett hatte.

Der Mund weist ein ausgeprägtes Lippenherz mit ausgebildetem Philtrum auf – auch so ein physiognomisches Merkmal, das vor allem bei Frauen Eindruck macht. Kennedys Nase zeigt eine gute Verbindung zum Materiellen und zur Macht – sie ist breit und fleischig, mit nach unten weisender Nasenspitze. Der breite, glatte Nasenrücken unterstreicht seine Belastbarkeit. Und er verfügt über den »guten Riecher«.

Die Augen allerdings wollen nicht so ganz zum Gesamtbild

passen. Sie sind schräg angesetzt und nicht besonders groß. Das spricht für einen Menschen, der hervorragend analysieren kann, der strategisch vorgeht und auf die Details achtet. Ihm entgeht nichts. Seine Augen geben John F. Kennedy eine geheimnisvolle Ausstrahlung, zeigen aber in ihrer engen Stellung auch den »schlauen Fuchs« in ihm. Dieses letztgenannte Merkmal legt auch den Schluss nahe, dass er ein »engstirniger« Mensch war, der andere gern kritisierte, seinerseits jedoch nur schlecht mit Kritik umgehen konnte. Die runden, geschwungenen Augenbrauen sorgen dafür, dass die Augen trotz ihrer schmalen Form offen wirken. Die Mischung aus beidem sorgt für einen Eindruck von Kompetenz, Vertrauenswürdigkeit und Respekt.

Kennedys Stirn zeigt durchgezogene Falten. Das spricht dafür, dass er ein Mensch war, der Dinge, die einmal entschieden waren, konsequent umsetzte und weiterverfolgte. Das »Klein-Klein« war wohl eher nicht seine Sache. Von seinen Werten und Idealen war er nur schwer abzubringen; er blieb sich selbst treu und vertrat eine »klare Linie«. Seine Stirnkanten zeigen, dass Kennedy seine Gedanken gut in die Praxis umsetzen konnte. Die ausgeprägte Motzfalte deutet darauf hin, dass er nicht davor zurückschreckte, auch mal anzuecken. Für einen formvollendeten Diplomaten war er zu eigensinnig.

Kennedys Ohren zeigen angewachsene Ohrläppchen – auch dies ein Hinweis auf einen Menschen, der seinen eigenen Weg gehen möchte. Seine Ohren zeigen weiterhin Führungspotenzial und eine ausgeprägte Ich-Bezogenheit. In Kombination mit seiner scharfen Beobachtungsgabe strahlte er das Selbstbewusstsein eines Menschen aus, der weiß, wo es langgeht, und dieses Wissen auch durchaus dominant umsetzt, ohne allzu viel auf die Meinung anderer zu geben. Kennedy war ein leidenschaftlicher Macher mit klaren Vorstellungen davon, wie mit den Herausforderungen des Lebens umgegangen werden sollte. Seine kaum zu bändigende kräftige Haarpracht zeigt seinen starken Willen, »sein Ding zu machen«.

Die Spiegelung der linken, privaten Gesichtshälfte zeigt all diese Aspekte noch ausgeprägter. Sein linkes Ohr ist ein Indiz dafür, dass er sich in sein Privatleben nicht hineinreden ließ: Es steht leicht ab, und die Innenohrleiste ragt deutlich über die Außenohrleiste – beides Hinweise für Willens- und Durchsetzungsstärke. Dass er immer gut für Überraschungen war und kreativ handelte, zeigen die Stirnkanten, die Y-Falte, die tiefliegenden Augenbrauen und die störrischen Haare. Langweilig dürfte es mit ihm nie gewesen sein. Dass er »sein Ding« durchzog, wenn es sein musste, auch ohne Rücksicht auf Verluste, dürften auch seine zahlreichen inzwischen bekannt gewordenen Liebesaffären bestätigen.

Mein Fazit: John F. Kennedy war für die politische Bühne geboren. Seine jungenhafte Ausstrahlung lenkt davon ab, dass es in seinem Gesicht zahlreiche Hinweise darauf gibt, dass er durchaus autoritär und ich-bezogen sein konnte. Der visionäre Anteil seiner Persönlichkeit sorgte dafür, dass er die Welt entsprechend seiner Ideale gestalten und Geschichte schreiben wollte. Dass diese Grundhaltung Gegner auf den Plan ruft, liegt auf der Hand, erst recht bei einer derart öffentlichen Persönlichkeit. Menschen mit einer so klaren und eigensinnigen Ausstrahlung, wie John F. Kennedy sie hatte, ziehen Neid, Missgunst und Hass an wie Motten das Licht. Schade, dass sein scharfer Blick versagte, als es um seine Sicherheit ging. Es ist durchaus vorstellbar, dass er so überzeugt von sich selbst war, dass er sich für unangreifbar hielt. Er hat einen hohen Preis dafür bezahlt.

Lady Diana gehört zu den Ikonen unserer Zeit und war zeitweilig die am häufigsten fotografierte Frau der Welt. Ich habe eines der vielen Fotos genutzt, um ihr Gesicht zu spiegeln.

Quickcheck Lady Diana:

Macher	Rationaler	Emotionaler	Visionär
Kantige Gesichts-form ✓	Dreiteilung: Stirnbereich am größten	Rundes/ovales Gesicht	Dreieckiges Gesicht
Dreiteilung: Kinnbereich am größten	Schmale Ohren	Dreiteilung: Nasenbereich am größten ✓	Kantige Ohren ✓
Innenohr über Außenohr	Leicht angewach-sene Ohrläppchen ✓	Große, hängende Ohrläppchen	Knubbel im Ohr ✓
Kurze Augen-brauen	Durchgezogene Stirnfalten	Anliegende Ohren	Abstehende Ohren ✓
Schmal-längliche Augen	Waagerechte Augenbrauen	Tiefer Haaransatz ✓	Ausgeprägte Stirn-kanten
Ausgeprägte, hohe Wangenknochen	Spärliche Augen-brauen	Gerade Stirn	Mickymaus-Haar-ansatz
Gerader Nasen-rücken	Kleine Augen	Gemütsfalte	Y-Falte
Breiter Nasen-rücken	Engstehende Augen	Geschwungene Augenbrauen ✓	Eigenwillige, stör-rische Haare und Augenbrauen
Langes Philtrum	Welle oder Höcker im Nasenrücken ✓	Große Augen ✓	Mephisto-Augen-brauen
Fleischige Unter-lippe, schmale Oberlippe	Nasenkanten ✓	Große Pupillen ✓	Tiefsitzende Augenbrauen
Kantiger Kiefer	Kleine Nasen-löcher	Kaum sichtbare oder tiefsitzende Wangenknochen ✓	Unterschiedliche Lage der Augen ✓
Kantiges Kinn	Kein Lippenherz	Kurzes Philtrum ✓	Weiter Augen-abstand
Kinn ragt nach vorne ✓	Kleiner Mund	Lippenherz ✓	Grüne Augen ✓
Breiter Hals	Strichlippe	Volle Lippen (oben wie unten) ✓	Dauerhafte Grüb-chen in der Wange
Kurzer Hals	Kleines, schmales Kinn	Fliehendes Kinn	Akkordeonfalten
Gesamt: 2	3	9	5

Dianas Gesichtsform ist quadratisch. In der Dreiteilung des Gesichts ist der Nasenbereich am größten. Die Augenbrauen sind stark ausgebildet und geschwungen; die Augen selbst sind groß und dunkelblau-grün. Auffallend sind die leicht abstehenden Ohren und die angewachsenen Ohrläppchen – beides Kennzeichen, die von Dianas ansonsten recht deutlicher Physiognomie vom Typus der Emotionalen abweichen.

Bei den Falten zeigen sich eine leichte Motzfalte und eine leichte Nasolabialfalte. Auf einigen Fotos von Diana lassen sich unterbrochene Stirnquerfalten erkennen. Ihr Mund weist ein Lippenherz auf, eine volle Genießer-Unterlippe und ein kurzes Philtrum. Dianas Nase ist stabil und weist sie vor allem in der Links-links-Spiegelung als sehr belastbar aus. Ihr Kinn ist rund und vorspringend. Ihre zahlreichen Haare trug sie gern toupiert, was auf den Wunsch hinweisen kann, größer zu erscheinen.

Lady Di zog nicht nur ihr gesamtes Erwachsenenleben lang das Interesse der Medien auf sich. Ihre Geschichte bewegt noch heute viele Menschen. Sie ist eine der ganz wenigen öffentlichen Persönlichkeiten, deren Image durch Skandale nicht litt. Stattdessen brachte man ihr danach noch mehr Ansehen, Verständnis und Empathie entgegen. Diana verzieh man einfach alles. Wie erklärt sich das?

Auf den ersten Blick wirkte Lady Diana zart und angreifbar. Ihre Körperhaltung war gewissermaßen ihr Markenzeichen. Selten hielt sie den Kopf mit Stolz und Würde gerade – »königlich« eben – , sondern meist leicht geneigt. Dabei wird die linke, emotionale Halsseite sichtbar. Menschen zeigen durch diese Körperhaltung, dass sie bereit sind, ihre Emotionen und Gefühle zu teilen. Durch den leicht nach vorne geneigten Kopf entsteht darüber hinaus der Eindruck eines demütigen Menschen, der anderen nur Gutes will.

Auffallend ist auch, dass Dianas Blick auf den meisten Aufnahmen, die es von ihr gibt, zur Seite gerichtet ist. Selten schaut sie den Betrachter direkt an. Dies unterstreicht den Eindruck von Zartheit und Zerbrechlichkeit und das Geheimnisvolle an ihr. Blick wie Kopfhaltung erinnern an ein kleines Mädchen, das gerne einen Wunsch erfüllt haben möchte. Lady Di hat diesen kindlichen »Mama, kaufst du mir ein Eis?«-Charme perfektioniert und damit die Herzen gewonnen. Die schräge Kopfhaltung kaschiert übrigens auch Dianas quadratische Macher-Gesichtsform und lässt den Eindruck eines ovalen Gesichts entstehen, wie es charakteristisch für besonders einfühlsame, verletzliche und hilfsbereite Menschen ist (das quadratische Gesicht mit seinen Persönlichkeitsmerkmalen kann in seiner Bedeutung als das Gegenteil der ovalen Gesichtsform bezeichnet werden). Dianas rund ausgebildetes Kinn unterstreicht diesen Eindruck noch.

Schaut man allerdings genauer hin, zeigt sich Diana doch etwas differenzierter. Ihre Gesichtsform weist sie als willensstarken und zielorientierten Menschen aus. Ihre ausgeprägte Stirn verbarg sie gerne unter ihrer Haarpracht – Anzeichen dafür, dass sie anderen nicht die Stirn zeigen wollte und sich nur ungern in die Karten schauen ließ. Diese Stirn kennzeichnet Menschen, die alles rational abgleichen und überdenken und selten etwas dem Zufall überlassen..

Dianas lange Nase spricht für ein sehr gut ausgebildetes Bauchgefühl. Ihr Mund ist perfekt proportioniert und zeigt ein ausgeprägtes Lippenherz mit kurzem Philtrum, was für eine gute Anpassungsfähigkeit spricht. Mit diesen Merkmalen steht ihr gewissermaßen ein Sympathiebonus ins Gesicht geschrieben. Menschen mit dieser Lippenform tragen ihr »Herz auf den Lippen«. Dianas Unterlippe ist etwas stärker nach außen gewölbt, was zeigt, dass sie auch eine genießerische Seite hatte.

Die Augen gaben Dianas Gesicht die ganz besondere Note: groß und offen, ausgestattet mit kräftigen Augenbrauen, deren weiche Form Dianas emotional orientiertes Denken und Handeln zum Ausdruck bringen. Auch die »Königin der Herzen« war jedoch nur dann emphatisch, wenn sie es auch wollte. Ihre ungewöhnlich hohen Pupillen sind Indiz für eine ausgesprochen schnelle Auffassungsgabe. Solche Menschen können sich blitzschnell auf wechselnde Situationen einstellen und behalten auch dann ihren Weit- und Überblick, wenn nicht alles glattläuft. Allerdings neigen sie auch dazu, Details zu übersehen; diese sind für sie schlicht uninteressant.

Lady Di hatte einen sogenannten Silberblick: Ihre Augen konnten nur schwer geradeaus schauen, ihr Blick driftete nach rechts oder links ab. Man kann dies als Indiz dafür betrachten, dass es ihr schwerfiel, Privates und Geschäftliches als Einheit zu betrachten. Immer wieder war sie zwischen beiden Bereichen hin- und hergerissen. Dianas häufig nach oben gerichteter Blick entsprach einer Art »Hilferuf zum Himmel« auf der Suche nach Lösungen. Möglich, dass sie eine sehr spirituelle Person war, mit der Überzeugung, dass der Glaube Berge versetzen kann und alles den richtigen Zeitpunkt braucht.

Dianas Ohren lohnen ebenfalls einen genaueren Blick. Die angewachsenen Ohrläppchen zeigen, dass sie sowohl privat wie beruflich mit einem gewissen Eigensinn ihren Weg ging. Man kann davon ausgehen, dass sie ganz genau wusste, was sie tat, und ihren persönlichen Erfolgsplan hatte. Bei ganz genauem Hinsehen zeigt sich, dass Dianas Ohren nur die Außenleiste ausgebildet haben. Das Gros der Menschen bildet zwei Ohrleisten aus, eine innere und eine äußere. Ragt die innere Ohrleiste über die Außenleiste, ist dies ein Indiz für Führungsqualitäten, aber auch Ich-Bezogenheit. Liegt die innere Ohrleiste tiefer als die Ohraußenleiste, so zeigt dies eine ausgesprochene Teamfähigkeit und viel Gemeinschaftssinn an. Lady Di hat keine innere Ohrleiste, was andeutet, dass sie tatsächlich eine ausgesprochene

Einzelgängerin war. Um die angewachsenen Ohrläppchen zu verbergen, trug sie gerne dicke, runde Ohrringe.

Mein Fazit: Lady Di wurde die Rolle der perfekten Repräsentantin und liebevollen, herzlichen Königin gewissermaßen in die Wiege gelegt. Sie hat ein neues Auftreten für Fürstinnen geprägt. Statt stolz und aufrecht, distanziert und reserviert aufzutreten, hat sie sich einfühlsam, bescheiden, offen und publikumsnah präsentiert. So wurde sie wie eine Art Aschenputtel wahrgenommen, das an der Seite von Prinz Charles, dem liebenden Retter, angetreten war, um die Welt zu verbessern.

Aschenputtel hat jedoch einen Strich durch diese Rechnung gemacht. Nachdem klar war, dass der vermeintliche Märchenprinz auch nur ein Mann war, entschied Diana bewusst, ihren eigenen Weg zu gehen. Indem sie ihr Image mit Willensstärke und Disziplin weiter ausbaute und perfektionierte, gelang es ihr, den Prinzen vom Thron zu stoßen und das Publikum hinter sich zu bringen. Lady Di hat das Ansehen und die Anerkennung der Öffentlichkeit, aber auch den Ruhm und die Macht genossen. Was dabei auf der Strecke blieb, war ihr Gefühlsleben. Und damit kam sie offensichtlich irgendwann nicht mehr zurecht. Doch ihre Entscheidung, ihrem Herzen zu folgen und der Liebe wieder einen Platz in ihrem Leben einzuräumen, erhöhte ihre Beliebtheit noch weiter. Sie wurde endgültig zur Identifikationsfigur vor allem für Frauen. In einer Welt, in der Erfolg und wirtschaftliche Macht so ausgeprägt im Vordergrund stehen, empfanden viele Menschen es offenbar als wohltuend, dass jemand so Prominenter mutig zu seinen Gefühlen stand. Dies ist in der Tat eine Leistung, die man Diana hoch anrechnen muss. Sie verdankt sie ihrer ganz besonderen Kombination von Charisma und Charme. Schade, dass Lady Di so früh von der Bühne des Lebens abtreten musste. Es wäre interessant gewesen, zu sehen, was sie den Menschen noch gezeigt hätte.

Auf den folgenden Seiten haben Sie Gelegenheit, sich mit einer der bekanntesten Damen Hollywoods zu beschäftigen. Julia Roberts dürfte Lady Diana in Sachen Berühmtheit in nichts nachstehen. Welcher Typ Mensch ist sie im wahren Leben?

Quickcheck Julia Roberts:

Macher	Rationaler	Emotionaler	Visionär
Kantige Gesichts-form	Dreiteilung: Stirnbereich am größten ✓	Rundes/ovales Gesicht ✓	Dreieckiges Gesicht
Dreiteilung: Kinnbereich am größten ✓	Schmale Ohren	Dreiteilung: Nasenbereich am größten ✓	Kantige Ohren ✓
Innenohr über Außenohr ✓	Leicht angewach-sene Ohrläppchen ✓	Große, hängende Ohrläppchen	Knubbel im Ohr ✓
Kurze Augen-brauen	Durchgezogene Stirnfalten	Anliegende Ohren	Abstehende Ohren ✓
Schmal-längliche Augen ✓	Waagerechte Augenbrauen	Tiefer Haaransatz ✓	Ausgeprägte Stirn-kanten ✓
Ausgeprägte, hohe Wangenknochen ✓	Spärliche Augen-brauen	Gerade Stirn ✓	Mickymaus-Haar-ansatz
Gerader Nasen-rücken ✓	Kleine Augen	Gemütsfalte	Y-Falte
Breiter Nasen-rücken ✓	Engstehende Augen ✓	Geschwungene Augenbrauen ✓	Eigenwillige, stör-rische Haare und Augenbrauen
Langes Philtrum	Welle oder Höcker im Nasenrücken	Große Augen ✓	Mephisto-Augen-brauen
Fleischige Unter-lippe, schmale Oberlippe	Nasenkanten ✓	Große Pupillen ✓	Tiefsitzende Augenbrauen
Kantiger Kiefer	Kleine Nasen-löcher	Kaum sichtbare oder tiefsitzende Wangenknochen	Unterschiedliche Lage der Augen
Kantiges Kinn ✓	Kein Lippenherz ✓	Kurzes Philtrum ✓	Weiter Augen-abstand
Kinn ragt nach vorne ✓	Kleiner Mund	Lippenherz	Grüne Augen
Breiter Hals ✓	Strichlippe	Volle Lippen (oben wie unten) ✓	Dauerhafte Grüb-chen in der Wange ✓
Kurzer Hals	Kleines, schmales Kinn	Fliehendes Kinn	Akkordeonfalten ✓
Gesamt: 9	5	9	6

Sie sehen, dass Julia Roberts ausgeprägte Anteile aller vier Konstitutionstypen hat. Das macht sie einerseits zu einem Allrounder, kann andererseits aber auch für beträchtliche innere Zerrissenheit sorgen.

Julia Roberts' Gesichtsform ist rechts dreieckig, links oval. In der Dreiteilung des Gesichts sind Stirn-, Nasen und Kinnbereich nahezu gleich stark ausgebildet; es gibt keinen dominanten Bereich. Die normal ausgeprägten Augenbrauen sind geschwungen, was für Sprachbegabung und Kommunikationstalent spricht. Die braunen Augen weisen große Pupillen auf und sind schmal-länglich geformt – Indiz für eine schnelle Auffassungsgabe. Julia Roberts' Nase ist groß und zeigt eine ausgeprägte Vitalität und Belastbarkeit in der Spiegelung der rechten Gesichtshälfte, also im beruflichen Bereich. In der linken Gesichtshälfte ist der Nasenrücken deutlich schmaler – privat dürfte die Schauspielerin weniger belastbar sein. In der rechten Gesichtshälfte gibt es mit den hübschen Grübchen und den Akkordeonfalten Indizien für die Fähigkeit, andere Menschen für sich einzunehmen. Die Nasenkanten zeigen den Willen an, alles immer noch ein bisschen besser zu machen. An Falten sind vorhanden: eine leichte Motzfalte, Grübchen, Nasolabialfalten und Akkordeonfalten.

Julia Roberts' Mund ist gewissermaßen ihr Markenzeichen: Er ist ausgesprochen groß, mit voller Ober- und Unterlippe, jedoch ohne Lippenherz. Das Philtrum ist kurz, die Unterlippe zeigt Julias Genießer-Qualitäten. Ihr Kinn ist breit und stabil.

Julia Roberts gilt als eine der schönsten Frauen der Welt. Ihr Gesicht erfüllt zahlreiche Kriterien für Schönheit, die Menschen weltweit miteinander teilen. Die gleichmäßige Ausprägung von Stirn-, Nasen- und Kinnbereich findet sich selten. Rationaler, Emotionaler und Macher sind damit gleich stark vertreten. Hinzu kommt die ovale Gesichtsform, die Menschen mit viel Feingefühl, guter Intuition und großem Sinn für Soziales kennzeichnet. Leider leiden diese Menschen oftmals an einem ausgeprägten Helfersyndrom. Familie und Freunde sind sehr wichtig für sie; allerdings werden sie aufgrund ihrer Hilfsbereitschaft gerne ausgenutzt und sind dann tief enttäuscht.

Julia Roberts' Augen zeigen eine überdurchschnittliche Auffassungsgabe; gleichzeitig ist sie in der Lage, sich auf die wirklich wichtigen Dinge zu fokussieren. Die geschwungenen Augenbrauen geben ihrem Gesicht Dynamik und zeigen ihre Fähigkeit, andere Menschen zu begeistern. Die große Nase, »der gute Riecher«, fügt sich harmonisch ins Gesicht ein.

Julia Roberts' Mund ist nahezu einzigartig. Gepaart mit einem Gebiss, das vor Kraft und Energie nur so strotzt, wirkt er fast schon bedrohlich groß. Auffallend ist, dass weder Lippenherz noch ein großes Philtrum ausgebildet sind. Diese beiden Sympathie-Merkmale fehlen in Julia Roberts' Gesicht und lassen es eher sachlich-nüchtern wirken. Ihre Unterlippe allerdings zeigt, dass sie das Leben gerne genießen möchte.

Schaut man etwas genauer hin, so erkennt man eine leichte Motzfalte. Dies spricht für die Authentizität ihres Auftretens, die sich auch in anderen Merkmalen wiederfindet: den schrägen Ohren und dem großen Mund – Indizien für ein gutes Kommunikationsvermögen und die Fähigkeit, Tacheles zu reden, wenn es sein muss. Nicht verbergen kann sie ihre recht ausgeprägten Augenfalten, die insbesondere am Unterauge zeigen, dass sie schon einige emotionale Herausforderungen und Enttäuschungen im Leben hinnehmen musste.

Spannend sind Julias Roberts' Ohren, die oben wie unten abstehen. Dies steht dafür, dass sie sowohl beruflich als auch privat gerne aus der Reihe tanzt, ihr eigenes Ding macht. In ihrem Privatleben gestaltet sie die Dinge gerne mal anders, als es im Außen von ihr erwartet wird. Im Privaten lebt sie zudem ihren emotionalen, leidenschaftlichen Anteil aus. Für ihren Partner dürfte es nicht immer einfach sein, mit ihrer Sprunghaftigkeit klarzukommen.

Ihr Kinn ist gut ausgeprägt und zeigt eine stabile Form; das heißt, sie kann mit Herausforderungen jeglicher Art gut umgehen und lässt sich nicht so leicht unterkriegen. Das Ebenmaß des Kinns zeugt auch von einer diplomatischen und einfühlsamen Persönlichkeit.

Schaut man sich Fotos von Julia Roberts genauer an, kann man sich fragen: Was stimmt hier nicht? Nach längerem Hinsehen erkennt man, dass ihre Augen stets einen traurigen Ausdruck haben. Ihr wunderschöner, oft lächelnder Mund lenkt von den ebenfalls schön geformten, aber eher traurig wirkenden Augen ab. Sie sprechen dafür, dass Julia Roberts in ihrem Leben schon einiges hat einstecken müssen. Die Spiegelung der rechten Gesichtshälfte zeigt eine ausgesprochen ausgeprägte Nase. Das bedeutet, dass Julia Roberts geschäftlich einen gut ausgeprägten Spürsinn hat und auch den Anforderungen ihres Berufs sehr gut gewachsen ist. Sie hat einen »guten Riecher«, was berufliche und finanzielle Dinge angeht. Allerdings leitet sie ihren Selbstwert und ihr Selbstbewusstsein mutmaßlich vor allem aus ihren beruflichen Aktivitäten ab. Damit macht sie sich abhängig von der Meinung anderer Menschen – ein riskantes Unterfangen, denn wenn der berufliche Erfolg einmal ausbleiben sollte, gerät ihre Sicherheit möglicherweise stark ins Wanken.

Schaut man auf die Spiegelung der linken Gesichtshälfte, so entsteht ein anderes Bild von Julia Roberts. Die außerordentlich schmale Nase zeigt eine ausgeprägte vitale Schwäche an. Privat kann Julia Roberts Belastungen nicht so gut standhalten und gerät schnell ins Ungleichgewicht. Die ovale Gesichtsform legt nahe, dass sie immer zuerst an ihre Familie und ihre Freunde denkt und dass ihre Welt aus den Fugen gerät, wenn sie emotional enttäuscht wird. Solchen Enttäuschungen dürfte sie schon des Öfteren begegnet sein. Das linke Auge zeigt eine leicht ausgeprägte Augenhöhle, was bedeutet, dass Julia Roberts im Laufe der Jahre kritischer und auch misstrauischer geworden ist. Das abstehende linke Ohr spricht für einen Eigensinn, dem Julia Roberts möglicherweise nicht immer in ihrem Leben so gefolgt ist, wie sie es sich rückblickend vielleicht wünscht. Die emotionalen Verletzungen, die sie erlitten hat, führt sie möglicherweise darauf zurück, in bestimmten Situationen nicht genügend auf sich selbst gehört zu haben.

Das fehlende Lippenherz und das kurze Philtrum könnten ein Hinweis darauf sein, dass Julia Roberts ihre emotionale Befindlichkeit im Außen nicht zeigen möchte. Sie könnte die Erfahrung gemacht haben, dass es gefährlich ist, sich hinter die Kulissen schauen zu lassen. Ihr hinreißendes Lächeln hilft ihr dabei, andere darüber im Unklaren zu lassen, was sie fühlt.

Mein Fazit: In dieser Frau brodelt die pure Leidenschaft. Wenn sie etwas macht, dann hundertprozentig und mit Herz und Verstand. Vielleicht ist Julia Roberts in ihren so unterschiedlichen Filmrollen auch deshalb so authentisch, weil sie diese Rollen aus ihrem Leben gut kennt. Auch wenn sie unbestreitbar eine tolle Schauspielerin ist, sollte Julia Roberts möglicherweise auch ihre privaten Erfolge mehr als bisher würdigen. Sie darf sich auf die Schulter klopfen und stolz auf das sein, was sie erreicht hat – beruflich und privat. Jenseits der Erwartungen anderer Menschen täte es ihr gut, wenn sie sich immer mal wieder sagen würde: »Du bist großartig und wirst es immer sein.«

Lassen Sie uns nach den schönen Frauen doch wieder mal einen Vertreter des männlichen Geschlechts genauer unter die Lupe nehmen. Vitali Klitschko präsentiert sich als starker Mann – in jüngster Zeit nicht mehr im Boxring, sondern auf der politischen Bühne. Ist er es auch tatsächlich? Wie immer sind Sie eingeladen, anhand der Fotos zunächst Ihre eigene Analyse anzufertigen.

Quickcheck Vitali Klitschko:

Macher	Rationaler	Emotionaler	Visionär
Kantige Gesichts-form ✓	Dreiteilung: Stirnbereich am größten ✓	Rundes/ovales Gesicht	Dreieckiges Gesicht
Dreiteilung: Kinnbereich am größten	Schmale Ohren	Dreiteilung: Nasenbereich am größten ✓	Kantige Ohren ✓
Innenohr über Außenohr ✓	Leicht ange-wachsene Ohr-läppchen ✓	Große, hängende Ohrläppchen	Knubbel im Ohr
Kurze Augen-brauen	Durchgezogene Stirnfalten ✓	Anliegende Ohren	Abstehende Ohren ✓
Schmal-längliche Augen	Waagerechte Augenbrauen ✓	Tiefer Haaransatz	Ausgeprägte Stirnkanten
Ausgeprägte, hohe Wangenknochen ✓	Spärliche Augen-brauen	Gerade Stirn	Mickymaus-Haar-ansatz ✓
Gerader Nasen-rücken ✓	Kleine Augen ✓	Gemütsfalte	Y-Falte
Breiter Nasen-rücken ✓	Engstehende Augen	Geschwungene Augenbrauen	Eigenwillige, stör-rische Haare und Augenbrauen ✓
Langes Philtrum	Welle oder Höcker im Nasenrücken	Große Augen	Mephisto-Augen-brauen
Fleischige Unter-lippe, schmale Oberlippe	Nasenkanten	Große Pupillen	Tiefsitzende Augenbrauen ✓
Kantiger Kiefer ✓	Kleine Nasen-löcher	Kaum sichtbare oder tiefsitzende Wangenknochen	Unterschiedliche Lage der Augen ✓
Kantiges Kinn ✓	Kein Lippenherz	Kurzes Philtrum ✓	Weiter Augen-abstand ✓
Kinn ragt nach vorne	Kleiner Mund	Lippenherz ✓	Grüne Augen
Breiter Hals ✓	Strichlippe	Volle Lippen (oben wie unten) ✓	Dauerhafte Grüb-chen in der Wange
Kurzer Hals ✓	Kleines, schmales Kinn	Fliehendes Kinn ✓	Akkordeonfalten ✓
Gesamt: 9	5	5	8

Vitali Klitschko hat ein kantiges Gesicht. In der Dreiteilung sind der Stirnbereich (Rationaler) und der Nasenbereich (Emotionaler) gleich deutlich ausgeprägt; in der Gesamtheit der physiognomischen Merkmale ist Klitschko jedoch ein Macher. Seine Augenbrauen sind kräftig, waagerecht und dicht. Die braunen Augen sind klein, tiefliegend und stehen weit auseinander. Beide Augen stehen unterschiedlich hoch; der Pupillenstand ist hoch. Die Ohren sind mittelgroß, rechts eher anliegend, links etwas abstehend. Die innere Ohrleiste ragt über die äußere, die Ohrläppchen sind angewachsen. Das rechte Ohr ist kantig, das linke nicht.

An Falten sind zu verzeichnen: Motzfalte, pädagogische Falte, Beharrlichkeitsfalte (von der Mitte der Nase nach oben zur Stirn, ein Indiz dafür, dass jemand das, was er sich in den Kopf gesetzt hat, auch wirklich umsetzt), durchgezogene Stirnfalten, Grübchen. Der Mund weist ein breites Lippenherz sowie eine ausgeglichene Ober- und Unterlippe auf, wobei die Unterlippe Genießerqualitäten zeigt. Es ist ein großer Mund. Auf Fotos zeigt Klitschko selten die Zähne, und wenn doch, dann die obere Zahnreihe. Das Philtrum ist kurz.

Vitali Klitschkos Nase ist sehr breit und groß, die Nasenspitze zeigt nach unten. Das Kinn ist vorpreschend, breit und stabil, der Kiefer kantig. Die hohe, breite Stirn zeigt noch wenig Faltenbildung; dennoch sieht man ihr eine gewisse Neigung zum Grübeln an.

Vitali Klitschkos Vorname ist auch sein Lebensprogramm. Sein Gesicht strotzt nur so vor Vitalität und Lebenskraft. Die kantige Gesichtsform in Kombination mit dem breiten Kiefer und dem nach vorne ragenden, stabilen Kinn steht für Willensstärke und Führungsqualitäten. Dieser Mensch weiß genau, was er will und was nicht. Die Dreiteilung von Klitschkos Gesicht zeigt, dass er ein sehr emotional betonter Denker ist. Er überlässt Dinge ungern dem Zufall und handelt kontrolliert. Dabei liegt sein Fokus auf Daten und Fakten – nach Abgleich aller Daten hat das Bauchgefühl bei Entscheidungen dennoch ein gewichtiges Wort mitzureden. Weil neben dem rationalen auch der emotionale Anteil seines Wesens deutlich ausgeprägt ist, fällt es Vitali Klitschko nicht ganz leicht, einfach zu handeln; er berät sich gerne mit seinem Management und seinem Stabsteam. Gleichzeitig ist er selbst ein ausgesprochen guter Ratgeber und Stratege. Klitschkos Augen, klein und weit auseinanderstehend, zeigen seinen Fokus aufs Konkrete, der gepaart ist mit Weitblick. Er kann Situationen blitzschnell erfassen und darauf reagieren. Darüber hinaus geht er alles mit glühender Leidenschaft an. Wenn er etwas will, dann brennt er dafür – das zeigt sich in seinen buschigen, eigenwilligen, dunklen Augenbrauen ebenso wie im Nasenbonus.

Die Augen liegen jedoch sehr tief. Das lässt auf analytisches und strategisches Denken schließen, und auf einen Menschen, der anderen erst einmal Misstrauen entgegenbringt. Um Vitali Klitschkos Vertrauen zu gewinnen, dürfte es Zeit brauchen.

Seine Augenbrauen zeigen Indizien für Willensstärke und Vitalität. Er ist in seinem Denken und Handeln geradlinig und hält gerne an Traditionen fest. Veränderungen mag er nicht besonders, insbesondere wenn sie überraschend kommen; das zeigen die kleinen, angewachsenen Ohren, die kleinen Augen und die durchgezogenen Stirnquerfalten.

Klitschkos Vorname Vitali dürfte am treffendsten durch seine Nase repräsentiert werden. Sie zeigt eine ausgesprochene Belastbarkeit im Beruf und auch im Privatleben an. Er hat einen unglaublich »guten Riecher« auch für alle Angelegenheiten rund um das Thema Geld, Macht und Status. Kantigkeit in der Gesichtsform, im Kiefer, im Kinn und bei den Ohren ist ein Indiz für den Wunsch, zur Elite zu gehören, etwas zu erreichen, Einfluss zu haben. Vitali Klitschkos nach vorne gekrümmte Nasenspitze ist ein Zeichen dafür, dass er Menschen mitreißen und durchaus auch manipulieren kann, dass er etwas erreichen und hinterlassen möchte.

Bei diesem Bestreben unterstützt ihn sein Kommunikationsvermögen, das angezeigt wird durch seinen großen Mund. Sein breites Lippenherz sorgt dafür, dass er anderen im ersten Eindruck sympathisch ist. Er liebt die Bühne und auch das Publikum. Anerkennung von außen braucht er zur Bestätigung seines Selbstwertgefühls. Er kann im Applaus förmlich baden.

Die Form von Vitali Klitschkos Kinn steht für Stabilität und Standfestigkeit. Hat er einmal eine Entscheidung getroffen, so bleibt er dabei und lässt sich nur schwer umstimmen. Er gehört zu den Menschen, die sagen, was sie denken – das bestätigt die Querfalte am Kinn, die sogenannte Motzfalte. Er redet nicht gerne um den heißen Brei herum, kann gut argumentieren und schätzt es, wenn es bei Diskussionen sachlich zugeht.

Sein ausgeprägtes Wangengrübchen und die Akkordeonfalten, die sich zeigen, wenn er lächelt, lassen sein kantiges Gesicht weicher wirken und sorgen dafür, dass Vitali Klitschko anderen sympathisch erscheint. Sie sind allerdings auch ein Indiz dafür, dass er nach außen hin nicht zeigt, wie es in seinem Inneren aussieht. Das passt zum misstrauischen Blick seiner Augen und auch zu der Grundhaltung, Neuem erst einmal kritisch gegenüberzustehen. Die Aussage »harte Schale, weicher Kern« dürfte gut zu ihm passen.

Er verfügt über die Gabe, Menschen zu führen – das zeigt die ausgeprägte Falte an der rechten Augenbraue. Seine Stirnfalten deuten an, dass er dazu neigt, über schwierige Dinge zu grübeln, vor allem dann, wenn sein Bauchgefühl und sein Denken nicht in Einklang sind. Dann ist er anfällig für Zweifel und verliert seinen Fokus auf sein Ziel und seine Geradlinigkeit im Handeln.

Klitschkos Ohren zeigen ihn als guten Zuhörer; allerdings geht er gerne eigene Wege, was seine angewachsenen Ohrläppchen zeigen. Die ausgeprägte innere Ohrleiste sowohl rechts als auch links ist ein Anzeichen dafür, dass er gerne bestimmt, wo es langgeht. Daneben ist sie auch ein Indiz für visionäre Anteile und die Fähigkeit zum Querdenken. Das rechte Ohr ist eher anliegend: im beruflichen Leben kann Klitschko sich gut anpassen. Emotional und im Privatleben ist er eher unangepasst; das zeigt das etwas abstehende linke Ohr. Hier ist er spontan und auch mal für Überraschungen gut. Stabilität auch im Privatleben wird ihm trotzdem sehr wichtig sein, denn seine Physiognomie deutet darauf hin, dass er nicht der Mensch ist, der gerne mal einem Abenteuer nachgibt. Das heißt jedoch nicht, dass er es langweilig mag …

Mein Fazit: Seine Vitalität und seine Willenskraft haben Vitali Klitschko dabei geholfen, als Weltklassesportler die große Bühne zu erobern. Eine scharfe Beobachtungsgabe in Verbindung mit Offenheit haben das Ihre dazu getan. Diese Stärken will er nun auch politisch einsetzen. Bühnenerprobt und wortgewandt, zeigt er sich in seinen Zielsetzungen klar und geradlinig. Grundsätzlich bringt er die Ausstattung für eine politische Karriere mit; allerdings könnte sein Hang zum Grübeln dafür sorgen, dass er sich selbst im Weg steht. Eine gewisse Anfälligkeit für Zweifel könnte dazu beitragen, dass er manipulierbar wird. Von daher war es vielleicht kein Fehler, die ukrainische Präsidentschaftskandidatur abgelehnt zu haben. Sein Kampfgeist, seine strategischen Fähigkeiten und seine Erfahrungen auf der großen Bühne qualifizieren ihn dennoch dazu, sein Land zu repräsentieren. Es wird spannend sein zu sehen, wohin ihn seine visionäre Ader noch führen wird und ob ihm die Politik auf Dauer ausreicht, denn er ist nun einmal gerne die Nummer eins. Zugleich verfügt er jedoch über die Gabe, auf den richtigen

Zeitpunkt warten zu können, und wenn er sich selbst zu etwas verpflichtet, hat er auch den Anspruch, sich zu 100 Prozent einzubringen.

Im letzten Jahr verbrachte ich einen Abend als Tischnachbarin von Liz Mohn. Es war spannend, einer so einflussreichen Frau zuzuhören und sie beobachten zu können.

Quickcheck Liz Mohn:

Macher	Rationaler	Emotionaler	Visionär
Kantige Gesichts-form	Dreiteilung: Stirnbereich am größten ✓	Rundes/ovales Gesicht	Dreieckiges Gesicht ✓
Dreiteilung: Kinnbereich am größten	Schmale Ohren	Dreiteilung: Nasenbereich am größten	Kantige Ohren ✓
Innenohr über Außenohr ✓	Leicht angewachsene Ohrläppchen	Große, hängende Ohrläppchen ✓	Knubbel im Ohr
Kurze Augenbrauen	Durchgezogene Stirnfalten	Anliegende Ohren ✓	Abstehende Ohren
Schmal-längliche Augen ✓	Waagerechte Augenbrauen ✓	Tiefer Haaransatz	Ausgeprägte Stirnkanten
Ausgeprägte, hohe Wangenknochen	Spärliche Augenbrauen	Gerade Stirn	Mickymaus-Haaransatz ✓
Gerader Nasenrücken ✓	Kleine Augen	Gemütsfalte	Y-Falte
Breiter Nasenrücken	Engstehende Augen ✓	Geschwungene Augenbrauen ✓ links	Eigenwillige, störrische Haare und Augenbrauen
Langes Philtrum ✓	Welle oder Höcker im Nasenrücken	Große Augen	Mephisto-Augenbrauen ✓
Fleischige Unterlippe, schmale Oberlippe ✓	Nasenkanten ✓	Große Pupillen	Tiefsitzende Augenbrauen
Kantiger Kiefer	Kleine Nasenlöcher	Kaum sichtbare oder tiefsitzende Wangenknochen ✓	Unterschiedliche Lage der Augen
Kantiges Kinn	Kein Lippenherz ✓	Kurzes Philtrum	Weiter Augenabstand
Kinn ragt nach vorne ✓	Kleiner Mund	Lippenherz	Grüne Augen ✓
Breiter Hals ✓	Strichlippe	Volle Lippen (oben wie unten)	Dauerhafte Grübchen in der Wange ✓
Kurzer Hals ✓	Kleines, schmales Kinn	Fliehendes Kinn	Akkordeonfalten ✓
Gesamt: 8	5	4	8

Die Form von Liz Mohns Gesicht ist dreieckig. In der Dreiteilung des Gesichts ist der Stirnbereich (der Bereich des rationalen Typus) am größten. Die linke Augenbraue hat Mephisto-Form, die rechte ist gerade. Schwer bestimmbar ist die Farbe von Liz Mohns Augen; am ehesten lassen sie sich als grün-braun bezeichnen. Es sind engstehende, schmal-längliche Augen mit hohem Pupillenstand. Das rechte Auge ist schmaler, das linke geöffneter. Liz Mohn hat einen Mickymaus-Haaransatz. Bei ihren Ohren ragt das Innenohr über das Außenohr; die Ohrläppchen sind groß und hängend.

Auf älteren Fotos sind unter Liz Mohns Augen Tränensäcke erkennbar; außerdem gibt es eine leicht ausgeprägte Delegationsfalte, eine leichte pädagogische Falte, auffallend gespannte Augenfalten, Grübchen und Akkordeonfalten. Die Motzfalte ist vorhanden; hingegen gibt es kaum Stirnfalten – die wenigen vorhandenen sind unterbrochen. Auf jüngeren Fotos wird erkennbar, dass Frau Mohn ihre Augen hat liften lassen: die mittleren Augenfalten fehlen, die Tränensäcke wurden entfernt.

Der Nasenrücken ist schmal, der Mund weist kaum Lippenherz auf. Die Oberlippe ist etwas schmaler als die Unterlippe, das Philtrum lang, das Kinn rund, stabil und vorspringend.

Liz Mohns Gesichtszüge weisen sie als disziplinierten, strukturierten, organisationsstarken Menschen aus. Von der Dreiteilung des Gesichts her ist sie eine Rationale, die Wert auf Zahlen, Daten, Fakten legt. Ihre Physiognomie weist jedoch auch Tendenzen zum Visionären und zum Macher auf. Denkvermögen paart sich also mit kreativer Gestaltungskraft und dem Vermögen zur praktischen Umsetzung. Liz Mohn ist eine (Vor-)Denkerin, die nur ungern etwas dem Zufall überlässt und das, was sie sich in den Kopf gesetzt hat, auch durchzieht.

Die dreieckige Gesichtsform spiegelt Liz Mohns diplomatische Ader und ihr großes Einfühlungsvermögen wider. Markant sind ihre dunklen Augen, deren Augenbrauen ganz unterschiedlich beschaffen sind. Die linke Augenbraue zeigt die Tendenz zum Visionären, vor allem im privaten, sozialen und emotionalen Bereich. Der »Mephistoknick« zeugt darüber hinaus von ausgeprägten Führungsqualitäten. Die rechte, gerade Augenbraue zeigt Liz Mohns Geradlinigkeit vor allem im Geschäftlichen. Leider hat Frau Mohn die Form ihrer Augenbrauen korrigieren lassen. Dennoch zeigen die Brauen ihre Fähigkeit zu offenem Denken, ihren Spaß an Neuem, ihre Sprachbegabung, aber auch ihren Weitblick an, denn sie haben ihren größten Abstand zum Auge im sogenannten zweiten Bereich, also in der Mitte der Augenbraue. Die wenig geschwungenen Augenbrauen zeigen auch noch einmal deutlich ihre Tendenz zu rationalem, faktenbasiertem Vorgehen. Die Augenfalten und Tränensäcke, die auf älteren Fotos von Liz Mohn erkennbar sind, sind ein Indiz dafür, dass ihr Leben nicht durchgängig von Leichtigkeit geprägt war. Ihre Ohren, vor allem ihre ausgeprägt hängenden Ohrläppchen zeigen jedoch, dass sie zum Typ »Stehaufmännchen« gehört, also ein Mensch sein dürfte, der Unangenehmes im Leben annehmen und dann auch rasch loslassen kann. Liz Mohns Motto könnte lauten: »Ich stehe auf, wenn ich am Boden bin, und gehe weiter zielstrebig meinen Weg.«

Ihre Ohren weisen sie als gute Zuhörerin aus, der nichts entgeht und die auch in der Lage ist, die Zwischentöne zu hören. Die Ohrleisten zeigen sowohl im geschäftlichen als auch im privaten Bereich wieder Liz Mohns Führungsqualitäten, aber auch, dass sie gerne eigene Wege geht.

Ihre Nase ist eher klein und hat einen schmalen Nasenrücken. Daraus lässt sich schließen, dass Liz Mohn bei ihren Entscheidungen weniger auf ihren Bauch hört, sondern sich lieber von Zahlen überzeugen lässt. Die kleine, schmale Nase, die von einem schmalen Hals und der zierlichen Figur noch unterstrichen wird, zeigt eine eher schwächere Vitalität, die Liz Mohn jedoch durch Disziplin und Klarheit ausgleicht. Sie sollte ab und an ihr eigenes Wohlergehen mehr in den Vordergrund stellen, um genügend Kraft und Energie für ihr Engagement für andere zur Verfügung zu haben.

Liz Mohns Mund ist eher groß – ein Hinweis auf ihr ausgeprägtes Kommunikations- und Sprachvermögen. Die Lippen sind normal ausgebildet, allerdings mit kleinem, eher angedeutetem Lippenherz – ein Indiz dafür, dass sie selbst entscheiden will und kann, wem sie ihre Zeit und Wertschätzung schenkt. Die Unterlippe ist etwas voller als die Oberlippe, was anzeigt, dass Liz Mohn auch eine Genießerin sein kann. Sie zeigt nicht gerne Zähne – ein Indiz dafür, dass sie Konflikte lieber mit Mitteln der Kommunikation löst, statt »auf den Putz zu hauen«.

An Liz Mohns hoher Stirn wird einmal mehr deutlich, dass ihr Denken und Handeln von Fakten bestimmt wird. Auch auf älteren Fotos (vor dem Lifting) sind kaum Stirnfalten erkennbar, und die wenigen, die es gibt, sind unterbrochen, was bedeutet, dass Liz Mohn gerne Projekten unterschiedlicher Art nachgeht. Sie neigt nicht zum Grübeln, sondern ruht in sich und weiß, was zu tun ist. Zweifel nehmen in ihrem Leben keinen großen Raum ein. »Heute hü und morgen hott« raubt ihr den letzten Nerv. Ihre Klarheit und Geradlinigkeit geben ihren Mitmenschen ein hohes Maß an Sicherheit und Verlässlichkeit. Kritik lässt sie zu, wenn sie berechtigt ist. Sie ist auch offen für Kursänderungen, wenn etwas nicht so läuft, wie sie es sich vorstellt. Diese Kursänderungen müssen jedoch in sich schlüssig sein. Sie kann sich Fehler eingestehen und steckt nicht in vergangenen Entscheidungen fest, sondern ist in der Lage, neue Wege einzuschlagen, immer vorausgesetzt, dass die Daten und

Fakten stimmen und das Gesamtwohl der Menschen gewahrt bleibt.

Liz Mohns rundes und stabil ausgebildetes Kinn zeigt, dass sie auch mal in »die Bresche springen« kann und gerne Klartext redet, auch wenn sie dabei mal in den Fettnapf tritt. Letzteres zeigen die schrägliegenden Ohren und die Motzfalte an. In Diskussionen sind Klarheit und Sachlichkeit ihr wichtig. Neinsager und Schönredner haben es schwer, bei ihr Eindruck zu machen.

Mein Fazit: Liz Mohn ist eine Persönlichkeit mit einem ganz besonderen Charisma. Sie verkörpert, dass harte Arbeit zum Ziel führt – und dass sie arbeiten kann, erst recht, wenn es um die gute Sache geht. Ihre Antriebsfeder ist nicht Macht, Geld oder Status. Sie ist vielmehr eine Frau, die etwas bewegen will, die klare Vorstellungen davon hat, was richtig und gut für die Menschen ist, die Veränderungen im Denken und Handeln herbeiführen will. Zugleich hat sie einen ausgeprägten Sinn für menschliche Werte und Traditionen.

Liz Mohn steht sicherlich auch dafür, dass auch eine Frau höheren Alters in der Welt noch etwas bewegen kann. Wer ihrem Weg folgen will, ist ihr Freund; wer nicht, wird einfach losgelassen. Liz Mohn ist nicht die klassische Kämpferin, die um jeden Preis gewinnen muss – nein, sie lässt den Menschen immer die Wahl. In ihrem Umfeld haben jedoch nur Menschen Platz, die mit ihr an einem Strang ziehen.

Ihr persönliches Lebensziel erreicht sie durch ihr soziales Engagement. Menschen und deren Wohlergehen sind ihr ungemein wichtig. Auf gewisse Weise verkörpert Liz Mohn auch ein neues Frauenbild: engagiert für andere, ohne die »Mutter der Nation« zu sein; wohltätig, aber tough und wirtschaftlich erfolgreich.

Ein Mensch, den ich sehr verehre, ist Nelson Mandela – darum war in diesem Buch für ihn von vornherein ein Platz reserviert. Mit der Analyse seines Gesichts möchte ich dieses Kapitel abschließen. Gerne können Sie sich wieder Ihren persönlichen Eindruck von Mandela notieren, für sich selbst anhand der Fotos den Quickcheck durchführen und ihn dann mit meiner Analyse vergleichen.

Quickcheck Nelson Mandela:

Macher	Rationaler	Emotionaler	Visionär
Kantige Gesichtsform	Dreiteilung: Stirnbereich am größten ✓	Rundes/ovales Gesicht	Dreieckiges Gesicht ✓
Dreiteilung: Kinnbereich am größten	Schmale Ohren	Dreiteilung: Nasenbereich am größten	Kantige Ohren ✓
Innenohr über Außenohr	Leicht angewachsene Ohrläppchen	Große, hängende Ohrläppchen ✓	Knubbel im Ohr
Kurze Augenbrauen	Durchgezogene Stirnfalten	Anliegende Ohren	Abstehende Ohren ✓
Schmal-längliche Augen	Waagerechte Augenbrauen	Tiefer Haaransatz	Ausgeprägte Stirnkanten
Ausgeprägte, hohe Wangenknochen	Spärliche Augenbrauen	Gerade Stirn	Mickymaus-Haaransatz
Gerader Nasenrücken ✓	Kleine Augen ✓	Gemütsfalte ✓	Y-Falte
Breiter Nasenrücken ✓	Engstehende Augen	Geschwungene Augenbrauen	Eigenwillige, störrische Haare und Augenbrauen ✓
Langes Philtrum ✓	Welle oder Höcker im Nasenrücken	Große Augen	Mephisto-Augenbrauen ✓
Fleischige Unterlippe, schmale Oberlippe	Nasenkanten	Große Pupillen	Tiefsitzende Augenbrauen
Kantiger Kiefer	Kleine Nasenlöcher	Kaum sichtbare oder tiefsitzende Wangenknochen ✓	Unterschiedliche Lage der Augen ✓
Kantiges Kinn ✓	Kein Lippenherz	Kurzes Philtrum	Weiter Augenabstand ✓
Kinn ragt nach vorne	Kleiner Mund	Lippenherz ✓	Grüne Augen
Breiter Hals	Strichlippe	Volle Lippen (oben wie unten) ✓	Dauerhafte Grübchen in der Wange
Kurzer Hals ✓	Kleines, schmales Kinn	Fliehendes Kinn	Akkordeonfalten ✓
Gesamt: 5	2	5	8

Nelson Mandelas Gesicht hat die Form eines Dreiecks. Bei der Dreiteilung ist der Stirnbereich dominant. Die stark ausgebildeten Augenbrauen haben auf beiden Seiten eine Mephisto-Form.

Die Augen sind ausgesprochen klein und schmal; die Ohren sind normal groß, mit Kanten und leicht hängenden Ohrläppchen. Auf Fotos, die ihn in jungen Jahren zeigen, hat Nelson Mandela abstehende Ohren; dasselbe gilt für seine Altersfotos.

Seine Wangenknochen sind ausgeprägt, aber tief sitzend. An Falten gibt es die Motzfalte, unterbrochene Stirnfalten, die pädagogische Falte, gespannte Augenfalten, ausgeprägte Nasolabialfalten, eine leichte Gemütsfalte sowie Akkordeonfalten.

Mandelas Nase ist breit und fleischig. Sein großer Mund zeigt ein Lippenherz. Die Lippen sind voll, die Unterlippe wölbt sich nach außen. Die oberen Schneidezähne sind sichtbar. Das Kinn ist flach und stabil, die Haare sind eigenwillig.

Nelson Mandelas Gesichtszüge weisen eine ganz besondere Mischung auf: so groß der Mund, so klein die Augen, gepaart mit Augenbrauen in Mephisto-Form. Es ist ein Gesicht wie aus dem Lehrbuch der Physiognomik. Wer sich in Sachen Gesichterlesen ein bisschen auskennt, weiß sofort: Dieses Gesicht gehört einem Visionär, einem Menschen, der für seine Ideale mit dem Kopf durch die Wand geht, auch wenn es das Leben kosten sollte. Zugleich ist er authentisch, lebt sein Leben im Privaten und im Geschäftlichen nach gleichen Grundsätzen.

Am markantesten sind wohl Mandelas Augen, die fast wie Schlitze anmuten. Es sind die Augen eines Menschen, der eine mehr als überdurchschnittliche Beobachtungsgabe ausgebildet hat. Die Augen eines »schlauen Fuchses«, könnte man auch sagen. Diese Augen lieben Details, und ihnen entgeht nichts. Es sind aber auch in höchstem Maße misstrauische Augen, die keinen Blick ins Gefühlsleben ihres Besitzers zulassen. Was in ihm vorgeht, bleibt sein Geheimnis. Zugleich zeigen solche Augen Verschlossenheit und den Wunsch, nichts von außen an sich heranzulassen.

Eingerahmt werden die Augen von kräftigen Augenbrauen, die auch im hohen Alter nur wenig an Kraft verloren. Besonders hervorzuheben ist, dass die Augenbrauen über beiden Augen die »Mephisto-Form« haben. Sie zeigt, dass ein Mensch nicht nur an seinen Visionen festhält, sondern auch in der Lage ist, für seine Ziele zu kämpfen. Nur selten sind die Mephisto-Augenbrauen so ausgeprägt wie bei Nelson Mandela. Sie sind nicht nur Kennzeichen einer visionären Begabung, sondern stehen auch für Führungsqualitäten und Durchsetzungsvermögen. In Verbindung mit schmalen, undurchsichtigen Augen sind sie charakteristisch für Menschen, die geduldig und beharrlich abwarten können, bis die Zeit reif ist für ihre Ziele und Ideen. Leider fehlen Menschen mit diesen Augen oft Offenheit und Neugierde. Sie verlieren sich leicht in Details und übersehen die globalen Gegebenheiten.

Über der rechten Augenbraue ist bei Nelson Mandela die pädagogische Führungsfalte stark ausgebildet – ein weiterer Hinweis auf seine Begabung, Menschen zu führen und sie mitzureißen. Interessant ist, dass die sogenannte »Seelenfalte« an der linken Augenbraue trotz allem, was Mandela durchzustehen hatte, kaum ausgeprägt ist. Möglicherweise ist dies ein weiterer Hinweis darauf, dass er sich nicht in seine Seele schauen ließ.

Im Gegensatz zu seinen Augen erscheint Mandelas Mund überproportional groß. Das spricht für die Gabe zu reden und zu kommunizieren. Er konnte aussprechen, was er dachte, und dank seines diplomatischen Geschicks war er Herr seiner Worte. Und er genoss gerne – nicht nur gutes Essen und Trinken, sondern auch Anerkennung und Wertschätzung. Das zeigt die volle, nach außen gewölbte Unterlippe.

Durch sein ausgeprägtes Lippenherz und die Akkordeonfalten wirkt Nelson Mandelas Gesicht spontan sympathisch. Menschen mit diesen physiognomischen Merkmalen strahlen Herzlichkeit und Liebe aus. Mandelas stark ausgebildetes Gebiss zeigt, dass er gerne anderen »die Zähne zeigte« und »Biss« hatte. Es ist ein Merkmal, das einen Repräsentanten oder einen König auszeichnen sollte.

Physiognomisch abgerundet wird Nelson Mandelas typisch visionäre Erscheinung durch seine kräftige und breite Nase. Sie zeigt große Standfestigkeit, Stabilität und Vitalität sowohl im geschäftlichen als auch im privaten Bereich, aber auch den guten Teamplayer. Mandela hatte einen »guten Riecher« und konnte viel aushalten.

Seine normal großen Ohren zeigen, dass er gerne im Team arbeitete und sich für gemeinsame Ziele einsetzte. Charakteristischerweise ragt bei ihm das Innenohr nicht über das Außenohr. Sein Ego durchzusetzen war nie sein Thema; er kämpfte für die gute Sache und wählte dabei nicht immer den naheliegendsten Weg (darauf deuten die abstehenden, kantigen Ohren hin, die übrigens auf Fotos aus den Jahren seiner Haft anliegender wirken: Hier musste Mandela sich wohl oder übel anpassen).

Die hängenden Ohrläppchen zeigen, dass Mandela zu den Menschen gehörte, die auch nach schweren Schicksalsschlägen wieder auf die Beine kommen. Die tiefsitzenden Wangenknochen sprechen für seinen Wunsch, anderen zu helfen und zum Gemeinwohl beizutragen.

Die Faltenbildung in Mandelas Gesicht rundet den Gesamteindruck ab. Unterbrochene Stirnquerfalten zeigen, dass sowohl sein privates als auch sein öffentliches Leben Projekt-Charakter hatten. Mandela wollte und musste immer wieder neu anfangen. Die langgezogene Nasolabialfalte spricht von großen seelischen Belastungen und tiefer Trauer. Das schwere Schicksal zeigt hier seine Spuren, allerdings konnte Nelson Mandela zeitlebens emphatisch lächeln und sich selbst hintanstellen.

Mein Fazit: In Nelson Mandelas Gesicht treffen vollkommen gegensätzliche physiognomische Merkmale aufeinander, was ihm nicht nur eine besondere Ausstrahlung verlieh, sondern ihn dazu noch ausgesprochen sympathisch und einzigartig wirken ließ. Sosehr er auch versucht haben mag, allen Lebenssituationen mit einem Lächeln zu begegnen und seine Gefühle vor der Welt zu verbergen – seine visionäre Begabung, seine Liebe zu den Menschen und sein Talent, andere für seine Anliegen zu begeistern, standen ihm ins Gesicht geschrieben.

Mit Nelson Mandela schließen wir die Reihe physiognomischer Einzelanalysen prominenter Menschen ab. Ich freue mich, wenn es Ihnen Spaß gemacht hat, Ihre Kenntnisse aus Kapitel 1 auf Menschen anzuwenden, die wir alle durch die Medienberichterstattung gut zu kennen glauben und über die sich dann bei genauerem Hinsehen noch so allerlei Unvermutetes in Erfahrung bringen lässt. Lassen Sie uns doch im nächsten Kapitel mal einen Blick auf das Verliebtsein und die Liebe werfen – und natürlich auf prominente Paare ...

KAPITEL 3

DIE PHYSIOGNOMIK DER LIEBE –
WAS PAARE GLÜCKLICH UND ERFOLGREICH MACHT

Der berühmte erste Blick

Jede Begegnung, jede Beziehung beginnt mit dem »ersten Blick« bzw. dem ersten »magischen« Moment. Es ist ein bislang ungeklärtes Phänomen, warum uns die Stimme, der Geruch, das Aussehen, die Ausstrahlung des einen Menschen in absolute Verzückung versetzen, während ein anderer uns ganz kalt lässt, obwohl er oder sie nach rein äußerlichen Maßstäben genauso attraktiv wäre. Gut erforscht hingegen ist, was biochemisch passiert, wenn uns der berühmte Blitzschlag trifft.

Wenn wir uns verlieben, fahren unsere Hormone mit uns Achterbahn. Hormone sind molekulare Botenstoffe, die unseren Körper und unsere Psyche in ein absolutes Tohuwabohu versetzen können. Die über 125 Millionen Photorezeptoren in der Netzhaut unserer Augen nehmen unser Gegenüber in Augenschein und leiten die optischen Reize zur Großhirnrinde weiter, wo die Sinneswahrnehmung dann ausgewertet wird. Wir scannen unser Gegenüber regelrecht. Gleichzeitig läuft unser Bewertungssystem auf Hochtouren. Schnell kommen wir zu einem Urteil über das Aussehen des anderen, ziehen dabei den Zustand von Haut, Haaren, Zähnen, Kleidung, Nägeln und seinen/ihren Geruch zu Rate und verschaffen uns anhand von

125

Körpersprache, Mimik, Faltenbildung einen Eindruck – all das übrigens im Bruchteil einer Sekunde. Alle unsere Beobachtungen werden nun mit unserem Erlebnis- und Wertespeicher abgeglichen. Dabei ist entscheidend, ob das, was wir am anderen wahrnehmen, in unserem Gehirn mit positiven oder mit negativen Erinnerungen verknüpft ist. Sind positive Assoziationen im Spiel, trifft der andere gewissermaßen unseren Geschmack und verkörpert unsere Werte. Fällt unser Urteil hingegen negativ aus, werden wir versuchen, dem betreffenden Menschen künftig aus dem Weg zu gehen.

Wenn uns ein anderer Mensch sympathisch ist, läuft unser Gehirn zur Hochform auf. Der Hypothalamus, der das vegetative Nervensystem steuert, gibt den Nebennieren den Befehl, Adrenalin zu produzieren. Dieser Botenstoff steigert in Millisekunden die Herz-Kreislauf-Funktion: Wir geraten in einen Zustand höchster Aufmerksamkeit. Körperlich zeigt sich die bis zu zehnfach erhöhte Adrenalin-Konzentration durch Zittern, Schwitzen, Hitze- oder Kälteschauer und einen beschleunigten Puls. Adrenalin hat auch bemerkenswerte Auswirkungen auf unsere Wahrnehmung. Es macht uns das Gegenüber regelrecht schön; mittelmäßig aussehende Menschen erscheinen uns dann plötzlich anziehend.

Zusätzlich zum Adrenalin wird Phenylethylamin (PEA) ausgeschüttet. Es wird ebenfalls über die Nebenniere produziert und katapultiert uns binnen Sekunden in den siebten Himmel. Den gesamten biochemischen Prozess nennt man auch gerne »Liebe auf den ersten Blick«. Warum wir beim Anblick eines bestimmten anderen Menschen diesen Hormonschub erleben, ist wissenschaftlich bis heute nicht geklärt. Wir werden uns damit abfinden müssen, dass es eben einfach passiert – und den meisten von uns ist das ja auch gar nicht unrecht. Schließlich fühlt es sich ebenso schön wie aufregend an, wenn Millionen von

Schmetterlingen sich in der Magengrube niedergelassen zu haben scheinen und schon beim kleinsten Gedanken an den geliebten Menschen alle gleichzeitig mit den Flügeln schlagen.

Übrigens kann man die Ausschüttung von PEA auch herbeiführen, indem man eine wunderbare Landschaft oder ein ästhetisch ansprechendes Bild betrachtet, ein leckeres Essen genießt, einen wunderbaren Liebesfilm anschaut oder Schokolade isst. Sie enthält PEA, und vielleicht nutzen genau deshalb so viele von uns sie gerne als süßen Sorgentröster, etwa bei Liebeskummer. Dann nämlich sinkt die PEA-Konzentration im Blut jäh ab – die Schmetterlinge treten den Rückzug an, und man erlebt regelrecht Entzugserscheinungen.

Doch lassen wir das und wenden uns lieber wieder den angenehmen Begleiterscheinungen der Liebe zu. Sie haben, biochemisch gesehen, nicht nur mit unserem PEA-Spiegel zu tun, sondern auch mit den beiden Botenstoffen Dopamin und Noradrenalin. Diese Substanzen sorgen dafür, dass das Belohnungszentrum unseres Gehirns gewissermaßen Luftsprünge macht. Euphorie, Lebenslust, Wohlbefinden, Aktivität, Lust, Kreativität und Phantasie sind die Auswirkungen. Wir geraten in eine Art Rauschzustand, ähnlich wie nach der Einnahme von Kokain und anderen Drogen – kein Wunder, dass Verliebte »süchtig« nach dem Partner sind. Das Gefühl des Verliebtseins prägt sich so stark in unser Gehirn ein, dass wir es noch Jahrzehnte später abrufen können. Nicht umsonst erzählen Paare so gerne die Geschichte, wo, wie und wann man sich kennengelernt hat. Die Erzählung ruft die damaligen Gefühle von neuem hervor.

Rein biochemisch scheinen wir also für die Liebe gemacht zu sein. Klar, denn sie dient ja schließlich der Arterhaltung. Beim Sex schüttet unser Körper Oxytocin aus, das sogenannte »Kuschel-« oder »Bindungshormon«. Es lässt uns treu sein und wird übrigens auch beim Stillen freigesetzt – dann verstärkt es die emotionale Bindung der Mutter ans Kind. Wissenschaftliche Erkenntnisse legen nahe, dass Oxytocin immer dann ausgeschüttet wird, wenn wir den Hautkontakt zu jemand anderem als angenehm empfinden. Das »Kuschelhormon« verändert unser Verhalten spürbar: Wir sind weniger aggressiv, können uns besser in andere einfühlen und vertrauen ihnen mehr.

Aber lassen Sie uns doch noch einmal zurückkommen zu diesem ganz speziellen Moment, in dem wir uns von jemand anderem unwiderstehlich angezogen fühlen. Weiß die Wissenschaft darüber noch etwas mehr als bloß das Auf und Ab bestimmter Hormone?

Ähnlichkeit ist wichtig, wenn die Liebe dauern soll

Ja, in der Tat. Verblüffenderweise sind Forscher aus aller Welt sich einig darin, dass Ähnlichkeit eine gewichtige Rolle bei der wechselseitigen Anziehung, vor allem aber auch bei der Dauerhaftigkeit der Liebe spielt. Ähnliche Voraussetzungen in Sachen Herkunft und Schichtzugehörigkeit, Intelligenz und Bildung, Religiosität und, tja, auch Einkommen, sind Erfolgsfaktoren einer Partnerschaft. Ähnliche Vorlieben, Werte und Ziele fördern den Zusammenhalt der Partner. Krasse Gegensätze mögen im Anfangsstadium einer Beziehung prickelnd sein, stellen aber auf Dauer kein Erfolgsrezept dar. Falls Ihnen das zu hart gesagt erscheint, versetzen Sie sich doch in Ihrer Vorstellung mal kurz in die Niederungen des Beziehungsalltags. Dort stellen Gegensätze die Partner vor ziemliche Herausforderungen und Komplikationen. Was beispielsweise sollen auf Dauer zwei Menschen miteinander anfangen, von denen einer introvertiert ist und sich abends zu Hause am wohlsten fühlt, während dem anderen, eher extravertierter Natur, dort die Decke auf den Kopf fällt?

Wir Menschen streben Homogamie an, will heißen: Wir suchen nach einem Gegenüber, das uns ähnlich ist. In einem Experiment des britischen Psychologen David Perrett wurden Fotos der Versuchspersonen jeweils so bearbeitet, dass aus den Männern Frauen, aus den Frauen Männer wurden. Anschließend bekamen die Probanden die Fotos wieder vorgelegt und sollten sagen, zu wem sie sich besonders hingezogen fühlen. Sie ahnen es sicher schon: Die meisten erkannten in ihrem eigenen veränderten Bild den potenziellen Partner, der ihnen am liebsten war.

Sie haben im ersten Kapitel bereits Bekanntschaft mit den vier physiognomischen Konstitutionstypen gemacht. Auch in Sachen Liebe und Partnerschaft hat natürlich jeder der vier Typen sein ganz spezifisches Profil.

Die physiognomischen Grundtypen in der Liebe

Heute hier, morgen dort: Die Liebe und der Visionär

Visionäre haben ein Problem damit, zweimal hintereinander das Gleiche zu tun. Bloß keine Routine! Beim Visionär drückt sich das Gen DRD4 besonders stark aus. Es steuert die Dopaminaktivität und zeichnet verantwortlich für den typisch visionären Hunger nach Abwechslung. Auch in Sachen Liebe ist der

Visionär deshalb immer auf der Suche nach dem Kick, dem ganz Besonderen. Gerne darf es auch riskant sein – egal, ob in sinnlicher, körperlicher oder intellektueller Hinsicht. Genau das allerdings bringt den Visionär in die Gefahr der Abhängigkeit, sei es von Drogen oder auch von Sex.

Immer mit Bodenhaftung: Die Liebe und der Rationale

Rationale stehen mit beiden Füßen fest auf dem Boden. Abwechslung ist nicht ihr Ding, auch nicht in der Liebe. Das liegt nicht zuletzt daran, dass bei diesem Typus das Serotoninsystem besonders aktiv ist. Es ist dafür verantwortlich, dass der Mensch besonnen, beherrscht und beharrlich ist. Rationale sind auch in der Liebe sehr analytisch, und ordnungsbewusst. Sie schätzen Rituale und feste Gewohnheiten; Unvorhergesehenes bringt sie aus dem Tritt. Sie legen Wert darauf, dass auch in der Liebe Regeln gelten, und sind meist verlässliche Partner. Allerdings kann ihre Bodenständigkeit auch zu Sturheit, Geiz und Schwarzseherei führen.

Ohne Umwege ins Ziel: Die Liebe und der Macher

Der Typus des Machers wird stark durch das Sexualhormon Testosteron gesteuert, das auch im weiblichen Organismus vertreten ist. Studien legen nahe, dass bereits die Hormonsituation im Mutterleib Auswirkungen auf den Embryo hat. Bei Menschen, deren Ringfinger länger ist als der Zeigefinger, war im Mutterleib das Hormon Testosteron vorherrschend. Beim testosterongeprägten Macher zeigt sich auch in der Liebe der Wille, sich durchzusetzen und Ziele zu erreichen. Als Partner ist er (oder sie) dominant und entscheidungsstark, aber auch freiheitsbewusst. Wie der Visionäre braucht auch der Macher die Abwechslung. Die »Risiken und Nebenwirkungen« dieses Typus bestehen in einem Hang zu Wutanfällen.

Immer mit einem Ohr beim anderen:
Die Liebe und der Emotionale

Hier spielt nicht Testosteron, wie beim Macher, eine Schlüsselrolle, sondern das weibliche Hormon Östrogen. Ist die Östrogenkonzentration während der Schwangerschaft sehr hoch, so entwickeln sich beim Embryo mehr Verbindungen zwischen der rechten und linken Gehirnhälfte. Dies hat zur Folge, dass Menschen vom Typus des Emotionalen vernetzter denken als andere. Auch in der Liebe sind sie gefühlvoller und intuitiver. Sie versuchen sich in ihren Partner hineinzuversetzen, um ihm das zu geben, was er benötigt. Problemen und Konflikten gehen sie gerne aus dem Weg. Die Schwächen der Emotionalen können ausgeprägte Selbstzweifel, Unentschlossenheit und Weitschweifigkeit sein.

Wie steht es bei Ihnen in Sachen Liebe? Haben Sie sich mit Hilfe des Tests in Kapitel 1 schon einem der vier Typen zuordnen können, oder sind Sie eher der Mischtyp? Hier können Sie herausfinden, ob Sie in Liebesdingen vor allem Macher, Emotionaler, Rationaler oder Visionär sind.

Wie ticken Sie in Sachen Liebe?

Verteilen Sie die Zahlen 1 – 4 auf jede der folgenden Aussagen. Eine 4 setzen Sie, wenn die Aussage am besten auf Sie zutrifft, eine 1, wenn die Aussage kaum oder gar nicht auf Sie zutrifft.

1. Flirten …
   a) ist nicht so mein Ding, ich lasse mich lieber ansprechen.
   b) interessiert mich nicht wirklich und spielt keine Rolle in meinem Leben.
   c) ist mein Lebenselixir; ich flirte mit jedem, der mir sympathisch ist.
   d) ist eine gute Möglichkeit, um andere für mich einzunehmen.

2. Kommunikation in der Beziehung …
   a) ja, aber bitte nur, wenn Zeit dafür ist.
   b) sollte kurz, prägnant und auf den Punkt gebracht sein.
   c) ist lebensnotwenig. Ich muss mit meinem Partner in einem ständigen Austausch stehen.
   d) findet statt, während mein Partner/meine Partnerin und ich gemeinsamen Hobbys nachgehen.

3. Familienleben stelle ich mir folgendermaßen vor:
   a) Kinder, Garten und ein gemütliches Zuhause.
   b) Immer aktiv und unterwegs.
   c) ein funktionierendes Miteinander, in dem ich meinen Part erfülle.
   d) Ich kann mir kein Leben ohne Familie vorstellen, brauche allerdings auch viel Freiraum.

4. Mein Partner sollte ...

   a) aktiv und sportlich sein.

   b) kommunikativ, herzlich und einfühlsam sein.

   c) gebildet und kulturinteressiert sein.

   d) verrückt, kreativ und ganz anders als die anderen sein.

5. Mein Haus/meine Wohnung ...

   a) sollte bunt, freundlich, kuschelig und gemütlich sein.

   b) muss ein gutes Preis-Leistungs-Verhältnis haben.

   c) soll meinen Charakter widerspiegeln.

   d) soll luxuriös eingerichtet sein und meinen Status zeigen.

6. Meine wichtigsten Werte in der Beziehung:

   a) Vertrauen, Nähe und Zuverlässigkeit

   b) Stabilität, Ehrlichkeit und Transparenz

   c) Individualität, Kreativität und Abenteuer

   d) Freiheit, Aktivität und Abwechslung

7. Essen ...

   a) ist wichtig, um zu überleben.

   b) ist ein Hochgenuss.

   c) darf nicht zu viel Zeit in Anspruch nehmen.

   d) muss abwechslungsreich sein. Bloß nichts Vorgefertigtes!

8. Ich fühle mich am wohlsten ...

   a) in einer schicken, klaren Atmosphäre.

   b) in einem warmen, kuschligen Umfeld.

   c) in einem künstlerischen, unstrukturierten Umfeld.

   d) Ich brauche kein spezielles Umfeld, um mich wohl zu fühlen.

9. Mit meinem Partner möchte ich ...

   a) gemeinsam alt werden.

   b) vieles erleben und Neues wagen.

   c) philosophieren und gemeinsam etwas Neues schaffen.

   d) Kinder in die Welt setzen und Werte schaffen.

10. Ich wünsche mir, dass mein Partner ...

   a) seine Aufgabe, sein Versprechen mir gegenüber ernst nimmt.

   b) mich versteht und sich in mich einfühlen kann.

   c) mir Freiheit gibt und meine Hobbys mit mir auslebt.

   d) mich so sein lässt, wie ich bin.

Übertragen Sie nun bitte die Zahlen jeder Antwort genau in der Reihenfolge ihrer Nennung in die nachfolgende Tabelle:

1	2	3	4	5	6	7	8	9	10
B	D	B	A	B	B	C	A	B	C
C	C	A	B	C	C	B	B	A	B
D	B	C	C	D	D	A	C	D	A
A	A	D	D	A	A	D	D	C	D

Nun zählen Sie zusammen, wie viel A-Punkte, B-Punkte, C-Punkte und D-Punkte Sie haben. Schreiben Sie die Summen unter den jeweiligen Begriff. Dort, wo die meisten Punkte stehen, liegt Ihre Tendenz bzw. Ihr Konstitutionstyp.

   A = der Macher

   B = der Emotionale

   C = der Rationale

   D = der Visionär

Und wer passt nun zu wem?

Aus den »Liebescharakteren« lassen sich zehn mögliche Paarungen bilden. Alle kommen tatsächlich in der Realität vor, doch wie oben beschrieben gilt: Partner, die viele Gemeinsamkeiten aufweisen, haben die größte Chance, eine bereichernde, langfristige Partnerschaft zu führen.

Nach Helen Fisher, einer der bekanntesten amerikanischen Paarforscherinnen, gibt es drei ideale Paarungen, die sehr gut harmonieren und eine langfristige Perspektive haben:

Visionär trifft Visionär

Achtung, dies sind rasante Paare! Mit ihrem Entdeckungshunger spornen sich die Partner gegenseitig an und bleiben langfristig interessant füreinander. Visionäre können miteinander die größten Abenteuer bestehen. Unerwartetes schreckt beide Partner nicht, und in ihrem Zuhause ist immer was los: keine Chance für die Langeweile – möglicherweise allerdings auch keine Zeit für tiefergehende Gespräche und das Grundmaß an Kommunikation, das jede Partnerschaft braucht.

Rationaler trifft Rationalen

Hier steht die Sicherheit im Vordergrund, und beide Partner sind sich einig: Es braucht ein stabiles Zuhause, Beständigkeit und Zuverlässigkeit. Vertrauen ist ein zentraler Wert dieser Beziehung. Mit Geld und anderen Ressourcen wird sorgfältig und sparsam umgegangen. Beide Partner schätzen zudem den intensiven Austausch darüber, was richtig und was falsch ist. Das kann allerdings auch mal in stundenlange Diskussionen ausufern: Wer bringt heute den Müll runter? Wer kauft morgen ein?

Macher trifft Emotionalen

Obwohl auf den ersten Blick völlig unterschiedlich, kommen diese beiden Charaktere gerne zusammen. Das hat seinen Grund darin, dass wir Menschen uns zum einen nach Gleichheit und zum anderen nach Vollkommenheit sehnen. Bei dieser Paarung hat der eine, was dem anderen fehlt – gemeinsam entsteht so eine Kombination, die Anspruch auf Vollkommenheit anmelden kann. Beide Partner ergänzen einander wunderbar. Der eine ist pragmatisch und direkt, der andere sehr begabt darin, Harmonie zu schaffen. Lassen beide Partner die Stärken des jeweils anderen zu, kann daraus eine wunderbare Liebesbeziehung entstehen.

So weit die drei »Traum-Paarungen«. Nicht traurig sein, wenn Sie und Ihr Partner anders gelagert sind: Auch alle anderen sieben Paarungen haben gute Chancen, langfristig eine schöne Partnerschaft zu erleben. Allerdings braucht es dazu ein bisschen mehr an Kommunikation und gegenseitigem Verständnis.

Sie haben gerade erst jemand Neuen kennengelernt? Dann nutzen Sie das, was Sie in Kapitel 1 gelesen haben, um ihn oder sie anhand seiner Gesichtszüge, seiner Sprechweise, seiner Gestik und Mimik besser einschätzen zu lernen! Für den Fall, dass Sie noch auf der Suche nach Ihrem Traumpartner sein sollten: Vergessen Sie nicht, dass Sie nicht krampfhaft zu suchen brauchen. Er oder sie kann Ihnen jederzeit und überall über den Weg laufen. Und das Internet erweitert unsere Möglichkeit wie nie zuvor.

Natürlich spricht aber nichts gegen die klassischen Wege des Anbandelns: etwa abends in Bars, Restaurants und Clubs – für die Mehrzahl der Singles ist dies nach wie vor die beliebteste Möglichkeit. Oder das Kennenlernen über gemeinsame Freunde und Bekannte oder am Arbeitsplatz.

Wenn Sie mögen, nehmen Sie doch ein Blatt Papier zur Hand und notieren Sie sich, was Sie am liebsten tun … und welche Orte damit verknüpft sind.

Sie lieben moderne oder zeitgenössische Kunst? Dann besuchen Sie regelmäßig Museen, Vernissagen und Ausstellungen. Joggen ist ein fester Bestandteil Ihres Lebens? Dann bietet sich die Möglichkeit, nach Lauftreffs in Ihrem Wohnort Ausschau zu halten und/oder neue Strecken zu erkunden.

Sie lieben lateinamerikanische Tänze? Dann ab in die Tanzschule oder zu Tanzevents … Oder sind Sie eher ein Bücherwurm? Dann zieht es Sie vermutlich eher zu Lesungen, etwa in Buchhandlungen, die Sie den Büchern, den Autoren und nicht zuletzt Gleichgesinnten näherbringen. Die Liste ließe sich beliebig fortsetzen. Aber Sie haben sicher schon gemerkt, worum es mir geht: Seien Sie aktiv und schaffen Sie Gelegenheiten!

Small Talk beim Kennenlernen – ja oder nein?

Für die erste Unterhaltung mit einem Menschen, den Sie noch nicht kennen, gilt nach wie vor: Small Talk ist die beste Möglichkeit, das Eis zu brechen – ganz egal übrigens, ob Sie auf Partnersuche sind oder auf einer beruflichen Veranstaltung. Steigen Sie mit leichten Themen ein, wie etwa dem Wetter, dem Ort, an dem man sich befindet, oder dem Essen. Hochphilosophische Fragen, politische Kontroversen oder »schwergängige« Themen sollten Sie erst einmal den Menschen vorbehalten, die Sie schon sehr gut kennen. Stellen Sie einem neuen Gegenüber offene Fragen, die er oder sie nicht lediglich mit einem Ja oder

Nein beantworten muss, und versuchen Sie, möglichst viel über den anderen herauszufinden.

Einem Menschen vom Typus des Emotionalen machen Sie mit persönlichen Fragen eine Freude. Er wird sich nicht auf die Füße getreten fühlen, sondern redet gern über seine Vorlieben und Abneigungen, seine Freunde, die Familie usw. Emotionale mögen es auch sehr, im Gespräch häufig mit ihrem Namen angesprochen zu werden.

Bei einem Visionär können Sie ins Gespräch einsteigen, indem Sie auf das abheben, was an der Situation, am Essen, am Ort usw. ungewöhnlich ist. Wenn Ihnen am Outfit Ihres Gegenübers etwas ins Auge sticht, sagen Sie es dem anderen. Visionäre schätzen es, wenn man ihre Besonderheit zur Kenntnis nimmt.

Macher lieben es, über Fakten zu sprechen. Halten Sie also mit gefühligen Themen eher hinter dem Berg und stellen Sie auch keine Vermutungen an. Auch allzu viele Details sollten Sie Ihrem Gegenüber ersparen. Alles, was Neuheitswert besitzt, ist hingegen besonders geeignet für das Gespräch mit einem Macher: neue Produkte, neueste Nachrichten usw. Und weil Macher gern die Dinge unter Kontrolle haben, kann es sehr förderlich sein, wenn man ihnen im Gespräch die Führung überlässt.

Der Rationale steht nicht auf Small Talk. Sorry, keine Regel ohne Ausnahme ... aber bei diesen Menschen sollten Sie tatsächlich nicht über das Wetter, das Essen oder andere leichte Themen reden. Es hat ja auch etwas für sich, gleich mit den Themen von Belang einsteigen zu können. Bei einem Rationalen werden Sie damit auf offene Ohren stoßen. Nur bitte keine privaten Fragen. Bleiben Sie lieber bei den »harten Fakten«.

Prominenten Paaren ins Gesicht geschaut

Lassen Sie uns doch mal einen näheren Blick auf prominente Paare werfen. Passen die beiden jeweils zusammen? Welche Eigenschaften verbinden sie? Welche ergänzen sich? Was ist schwierig oder woran ist die Beziehung letzten Endes möglicherweise gescheitert?

Natürlich dürfen Sie wieder fleißig mit analysieren, um Ihre Kenntnisse zu vertiefen …

Wir starten mit einem Paar, das in den letzten Jahrzehnten für einigen Aufruhr gesorgt hat; ein Paar, das sich trotz aller Widrigkeiten durchgekämpft hat und seit nun fast zehn Jahren ganz »offiziell« augenscheinlich eine schöne, wertschätzende Beziehung lebt, obwohl dies lange undenkbar schien … sicher ahnen Sie schon, dass ich von Prinz Charles und seiner zweiten Ehefrau Camilla spreche.

Sehen Sie sich die Fotos der beiden genau an und machen Sie den Quicktest. Überlegen Sie, was die beiden unterscheidet und was sie verbindet. Ich bin gespannt, was Sie herausfinden …

Hier das Ergebnis meiner Analyse – das Häkchen steht, wie auch bei allen folgenden Paaranalysen, jeweils für ein Merkmal des Mannes, der Punkt für ein Merkmal der Frau.

Quickcheck Charles, Camilla:

Macher	Rationaler	Emotionaler	Visionär
Kantige Gesichtsform	Dreiteilung: Stirnbereich am größten	Rundes/ovales Gesicht √	Dreieckiges Gesicht •
Dreiteilung: Kinnbereich am größten √•	Schmale Ohren	Dreiteilung: Nasenbereich am größten √	Kantige Ohren √
Innenohr über Außenohr •	Leicht angewachsene Ohrläppchen	Große, hängende Ohrläppchen √•	Knubbel im Ohr
Kurze Augenbrauen	Durchgezogene Stirnfalten •	Anliegende Ohren	Abstehende Ohren √
Schmal-längliche Augen •	Waagerechte Augenbrauen •	Tiefer Haaransatz	Ausgeprägte Stirnkanten √
Ausgeprägte, hohe Wangenknochen •	Spärliche Augenbrauen √	Gerade Stirn •	Mickymaus-Haaransatz √
Gerader Nasenrücken •	Kleine Augen √	Gemütsfalte √•	Y-Falte
Breiter Nasenrücken •	Engstehende Augen	Geschwungene Augenbrauen	Eigenwillige, störrische Haare und Augenbrauen √•
Langes Philtrum •	Welle oder Höcker im Nasenrücken √	Große Augen	Mephisto-Augenbrauen
Fleischige Unterlippe, schmale Oberlippe √•	Nasenkanten √	Große Pupillen	Tiefsitzende Augenbrauen √•
Kantiger Kiefer	Kleine Nasenlöcher	Kaum sichtbare oder tiefsitzende Wangenknochen √	Unterschiedliche Lage der Augen
Kantiges Kinn •	Kein Lippenherz √	Kurzes Philtrum √	Weiter Augenabstand √
Kinn ragt nach vorne •	Kleiner Mund	Lippenherz •	Grüne Augen √
Breiter Hals √•	Strichlippe	Volle Lippen (oben wie unten)	Dauerhafte Grübchen in der Wange
Kurzer Hals √•	Kleines, schmales Kinn	Fliehendes Kinn √	Akkordeonfalten √•
Ges.: 4 √ Charles 12 • Camilla	5 2	7 4	9 4

Wie sind und fühlen die beiden? Wie »ticken« sie? Was ist ihnen wichtig?

Charles

Freiwillig wäre Charles wohl nie in die Rolle des Kronprinzen geschlüpft, dazu ist er im wahrsten Sinne des Wortes zu dünnhäutig und zu verrückt. Sein Streben nach Harmonie, seine Hilfsbereitschaft, seine kreative Ader und seine hohen Ideale passen nicht zu einem Monarchen, der sich durchsetzen und auch mal unpopuläre Entscheidungen treffen muss. Wäre er in einer »normalen« Familie groß geworden, hätte sich wahrscheinlich seine künstlerische, kreative, musische Ader durchgesetzt. Charles musste sich ein Leben lang anpassen und tun, was von ihm verlangt wurde, was ihm als Visionär mit ausgeprägten emotionalen Tendenzen eigentlich widerstrebt. Seine Haut, durchzogen von Couperose (geplatzten Äderchen) zeigt, wie viel er in seinem Leben bereits schlucken musste. Auch seine Gemütsfalte und die unterbrochenen Stirnquerfalten machen deutlich, dass er sehr viel Unruhe in seiner Seele hat und zahlreiche schmerzliche Erfahrungen ihn geprägt haben.

Charles ist ein Visionär, der sich mit Hilfe seines rationalen Anteils in seiner Rolle als Kronprinz immer wieder bremsen muss. In den letzten Jahren hat er jedoch begonnen, sich mit Elan und Phantasie den Themen zu widmen, die ihm etwas bedeuten. Menschen sind ihm wichtig, er gestaltet den Umgang mit ihnen wohlwollend und herzlich. Allerdings ist er lieber in kleinen, intimeren Gruppen unterwegs; große Anlässe und seine Prominenz sind ihm zuwider. Aktivität, Abenteuer, Natur – das ist es, woraus er Lebensenergie bezieht. Kein Wunder, dass er in seiner Freizeit gern Polo und Golf spielt.

Camilla

Camilla ist die Gefestigtere von beiden. Sie ist eine Macherin mit emotionalen und visionären Tendenzen, robust, durchhaltefähig, klar und selbstsicher. Nach außen versteckt sie sehr viel (erkennbar an ihrer Frisur, die Stirn und Ohren verdeckt). Sie möchte nicht »erkannt« werden bzw. ihre Privatsphäre schützen und leben.

Harmonie und Beziehungen sind auch ihr sehr wichtig; dies unterstreichen das Lippenherz, die fleischige Nase und die hängenden Ohrläppchen. Der regelmäßige, liebevolle Umgang mit ihren eigenen und Charles' Kindern ist für sie elementar. Der Rolle der »Hexe«, die sie jahrelang innehatte, entspricht sie keineswegs, denn sie ist eine Frau, die das Leben und ihre Umwelt wichtig und ernst nimmt, der leichtfertiges Handeln fremd ist. Dies ist erkennbar an ihren durchgezogenen Stirnfalten sowie den geraden Augenbrauen. Die starke Faltenbildung in ihrem Gesicht und auch die Gemütsfalte sowie die Nasolabialfalten lassen darauf schließen, dass auch für sie die jahrelangen Entbehrungen und Anfeindungen schmerzlich bis unerträglich waren.

Wie Charles ist sie ein Naturkind, liebt und genießt das freie Leben jenseits von Zwängen und Protokoll. Wenn es nach ihr ginge, würde sie jede freie Minute draußen, am liebsten zu Pferd, verbringen. Große Anlässe, Menschenaufläufe, Staatsbesuche sind ihr zuwider; sich zurechtzumachen und öffentlich zur Schau zu stellen mag sie nicht. In Situationen, in denen sie helfen kann, auf Missstände hinzuweisen und in denen sie ihre ideelle Seite (erkennbar an der geraden Stirn, den blauen Augen, den nach oben gerichteten Augenwinkeln und dem Lippenherz) ausleben kann, zeigt Camilla gewissermaßen ihr wahres Gesicht, agiert menschlich und warmherzig.

Die Paaranalyse:
Was verbindet die beiden?

Hier sind zwei wie Pech und Schwefel! Man kann bei Charles und Camilla von der großen Liebe sprechen. Beide sind sich sehr ähnlich, aber es gibt eben auch Unterschiede, die die Beziehung prickelnd gestalten und niemals langweilig werden lassen, was insbesondere für Charles sehr wichtig ist.

Die beiden sind verbunden durch ihre emotionalen und visionären Tendenzen, die sie ähnlich denken lassen. Durch ihren ausgeprägten Macher-Anteil ist Camilla in der Lage, die kreativen Ideen ihres Mannes in die Realität zu transferieren. Allerdings brauchen beide auch gewisse Freiräume für ihre Hobbys und Verpflichtungen, brauchen Zeit für sich selbst und können sich diese auch ohne Eifersuchtsszenerien einräumen. Im Gegenteil: Wenn sie dann wieder zusammenkommen, haben sie vieles zu berichten und zu diskutieren.

Die Natur, aktive Sportarten, Kunst sowie verrückte Ideen sind Themen, die zwischen den beiden immer für genügend Gesprächsstoff sorgen. Die Leidenschaft für das Kreative, das Gute, das Ideelle eint sie.

Was ergänzt sich?

Camilla ist die Starke, Durchsetzungsfähige und auch die körperlich Belastbarere (erkennbar an ihrer breiten Nase und den durchgezogenen Stirnquerfalten). Charles kann sich bei ihr anlehnen, ihren Rat und ihre Hilfe suchen. Dinge, die er nicht ausspricht bzw. nicht aussprechen kann, übernimmt sie: Sie sagt, was sie denkt (das zeigt ihre Kinnquerfalte); sie kann gut delegieren und Entscheidungen treffen. Die Queen dürfte darüber nicht immer amused sein und hat sicherlich schon ihre Erfahrungen mit Camilla gemacht, die mit ihrer Meinung auch vor der gestrengen Schwiegermutter nicht hinterm Berg halten dürfte. Gerne wäre man mal Mäuschen, wenn die beiden sich hinter verschlossenen Türen unterhalten …

Charles ist der Schöngeist, der seiner Frau die Welt zu Füßen legt und ihr Zugang zu Literatur, Kunst und Musik verschafft, Gedichte schreibt oder ihr auf andere künstlerische Art seine Zuneigung zeigt.

Wo liegen Reibungspunkte?

Das Einhalten der Repräsentationspflichten dürfte immer wieder ein Reibungsthema zwischen den beiden sein. Camilla hasst Anlässe, in denen sie keinen Sinn sieht. Durchaus möglich, dass sie Termine, die ihrer Meinung nach nicht unbedingt sein müssen, eigenhändig cancelt und hart darüber verhandelt, welche offiziellen Auftritte sie wahrnehmen muss. Das könnte die Beziehung immer wieder unter Druck setzen, da Charles zwischen dem Protokoll und seiner Frau steht.

Sein fehlendes Durchsetzungsvermögen, vor allem gegenüber seiner Mutter, dürfte sicherlich ebenfalls des Öfteren Konfliktstoff liefern. Camilla ist die treibende Kraft in der Beziehung. Sie war es, die eine Legitimierung der Beziehung anstrebte und Charles dabei durchaus auch Druck gemacht haben dürfte.

Und in Zukunft?

Wer so lange wie Charles und Camilla darum kämpfen musste, die Beziehung endlich offen leben zu dürfen, wird sie nicht leichtfertig aufgeben.

Sollte Charles doch noch König werden, könnte es sein, dass Camilla uns alle sehr überrascht. Sie wird ihre Aufgabe sehr ernst und wichtig nehmen, aber auch sehr selbstbestimmt agieren. Dieses Königspaar wird näher am Leben, menschlicher und zugleich idealistischer auftreten.

Das nächste Paar, das wir uns genauer anschauen wollen, gilt als eines der verrücktesten und untrennbarsten, bis er von einem geistig umnachteten Mann 1980 erschossen wurde: John Lennon und Yoko Ono. War ihre Ehe wirklich so glücklich, wie sie es uns gerne medienwirksam zeigten?

Sicher haben Sie Ihren Quickcheck mit inzwischen geübter Hand schon gemacht – hier ist meiner:

Quickcheck John Lennon, Yoko Ono:

Macher	Rationaler	Emotionaler	Visionär
Kantige Gesichtsform ✓•	Dreiteilung: Stirnbereich am größten	Rundes/ovales Gesicht	Dreieckiges Gesicht
Dreiteilung: Kinnbereich am größten ✓•	Schmale Ohren ✓	Dreiteilung: Nasenbereich am größten	Kantige Ohren ✓•
Innenohr über Außenohr ✓•	Leicht angewachsene Ohrläppchen ✓•	Große, hängende Ohrläppchen	Knubbel im Ohr ✓•
Kurze Augenbrauen	Durchgezogene Stirnfalten	Anliegende Ohren •	Abstehende Ohren ✓
Schmal-längliche Augen ✓•	Waagerechte Augenbrauen ✓	Tiefer Haaransatz ✓•	Ausgeprägte Stirnkanten
Ausgeprägte, hohe Wangenknochen ✓•	Spärliche Augenbrauen	Gerade Stirn ✓•	Mickymaus-Haaransatz ✓•
Gerader Nasenrücken •	Kleine Augen	Gemütsfalte	Y-Falte
Breiter Nasenrücken •	Engstehende Augen	Geschwungene Augenbrauen	Eigenwillige, störrische Haare und Augenbrauen ✓
Langes Philtrum •	Welle oder Höcker im Nasenrücken ✓	Große Augen	Mephisto-Augenbrauen •
Fleischige Unterlippe, schmale Oberlippe ✓•	Nasenkanten ✓	Große Pupillen	Tiefsitzende Augenbrauen
Kantiger Kiefer	Kleine Nasenlöcher	Kaum sichtbare oder tiefsitzende Wangenknochen	Unterschiedliche Lage der Augen
Kantiges Kinn ✓	Kein Lippenherz ✓	Kurzes Philtrum	Weiter Augenabstand ✓•
Kinn ragt nach vorne ✓•	Kleiner Mund	Lippenherz ✓	Grüne Augen
Breiter Hals	Strichlippe	Volle Lippen (oben wie unten) ✓•	Dauerhafte Grübchen in der Wange •
Kurzer Hals	Kleines, schmales Kinn	Fliehendes/gerades Kinn	Akkordeonfalten ✓
Gesamt: 8 ✓ John / 10 • Yoko	6 / 1	4 / 4	7 / 6

John Lennon

Er hatte ausgeprägte Anteile aller vier Konstitutionstypen, was ihm das Leben sicher nicht ganz einfach machte. Einerseits war er der zupackende Macher, der Ruhm und Ehre erlangen wollte; daneben auch der Visionär, der etwas Verrücktes, Bewegendes und Neues schaffen wollte, gepaart mit dem Rationalen, für den immer alles Sinn machen musste, und dem Emotionalen, dem es darum ging, die Gesellschaft voranzubringen. Tatsächlich zeigte John Lennons Leben Anteile aller vier Typen und spiegelte in mancher Hinsicht seine innere Zerrissenheit wider. Kaum hatte er sich für etwas entschieden, machte sich ein anderer Teil seines Charakters bemerkbar und bat darum, das Ganze doch noch einmal zu überdenken und möglicherweise anders zu machen. John Lennon war ein Mensch, der die Abwechslung liebte, Neues für sich entdecken wollte, permanent seine eigenen Grenzen austesten wollte und dies auch tat. Es dürfte kaum etwas geben, was John Lennon nicht ausprobiert hat. Er war ein Mensch, der niemals einer Norm genügen wollte. In den letzten Jahren seines Lebens schien sich immer mehr Klarheit darüber einzustellen, wie er seine Fähigkeiten ausleben wollte. Schade, dass sein Leben schon so früh gewaltsam beendet wurde – wir hätten sicherlich noch vieles von ihm zu sehen bekommen.

Yoko Ono

Eine Macherin mit starken visionären Zügen, wie sie im Buche steht. »Geht nicht« gibt es für diese Frau nicht! Tatkräftig und willensstark setzt sie ihre verrückten, ausgefallenen, weitsichtigen Ideen um. Mit großer Phantasie und jeder Menge kreativer Begabung möchte sie etwas ganz Besonderes, Einzigartiges erschaffen, ist ihren Mitmenschen immer einen Schritt voraus. Kaum ist eine Idee in ihrem Kopf entstanden, wird diese schnellstmöglich, schon fast ungeduldig, aber dennoch mit einigem Perfektionismus umgesetzt. Kein Weg ist Yoko Ono dafür zu weit, kein Einfall zu abwegig, kein Hindernis zu hoch.

Dabei kommt ihr zugute, dass sie diszipliniert an die Umsetzung ihrer Ideen herangeht, Spannungen gut aushalten kann und meist eigenständig meistert, schwer beeinflussbar ist und am liebsten ganz nüchtern und geradlinig ihren eigenen Weg geht. Druck erhöht ihre Leistungsfähigkeit enorm, so dass sie ihn oft bewusst schafft, um noch besser zu werden. Erkennbar ist all dies an den Macher-Merkmalen in ihrem Gesicht: das Gesicht ist kantig, mit dominantem Kinnbereich, breitem, nach unten noch breiter werdendem Nasenrücken und vorstehendem Kinn.

Yoko Ono kann sich gut in andere Menschen hineinversetzen und deren Bedürfnisse erkennen. Sie handelt dabei häufig aus dem Bauch, aus ihrer Intuition heraus. Ihre nach außen geschwungene Oberlippe, das schöne Lippenherz, die vollen Lippen sowie die dunklen Augen und Haare zeigen dies. Mit ihrem aktiven und entschlossenen Auftreten reißt sie viele Menschen in ihren Bann und begeistert sie nachhaltig. Ihre Ausstrahlung, ihr Charisma eilt ihr voraus.

Die Paaranalyse:
Was verband die beiden?

Kein Wunder, dass es bei Yoko Ono und John Lennon Liebe auf den ersten Blick war. Beide konnten sich quasi aneinander anschließen und ihre Fähigkeiten und Charaktereigenschaften durch den anderen potenzieren. Sie dürften das Gefühl gehabt haben, im anderen endlich jemanden gefunden zu haben, der ihre Art zu denken, zu handeln verstand. Keine Idee war zu banal, die beiden konnten jeden noch so verrückten Gedanken miteinander teilen. Sie dürften stundenlang philosophiert, diskutiert, Grenzen erweitert und experimentiert haben, ohne dass der Phantasie dabei Grenzen gesetzt waren. Vor allem in den ersten Jahren ihrer Beziehung führte die empfundene Seelenverwandtschaft dazu, dass die beiden sich nach außen hin abschotteten und ganz in ihrer eigenen Welt leben wollten.

Was ergänzte sich?

Die visionären Tendenzen, die spleenigen, außergewöhnlichen Ideen, der Wunsch, sich und die eigenen Gedanken anderen Menschen zugänglich zu machen, die Welt anderer zu bereichern – das alles »passte« bei den beiden. Beide wollten etwas hinterlassen, etwas erreichen, das Bewusstsein der Menschen öffnen, Sinn stiften. Yoko hat die Fähigkeit, die Ideen kraftvoll in die Tat umzusetzen, ohne sich von Gegenwind und Hindernissen einschüchtern zu lassen. John bereicherte das Duo mit seiner starken empathischen Seite, der Fähigkeit, zu erkennen, was Menschen sich wünschen, und seiner rationalen Herangehensweise. Er untermauerte die gemeinsamen Projekte analytisch-systematisch und lieferte den Medien immer auch den Nutzen hinter einer Aktion. Das Paar war auf diese Weise gänzlich unabhängig und konnte eigenständig agieren.

Wo lagen Reibungspunkte?

Nach dem Abklingen der ersten Verliebtheit dürften bei John und Yoko immer wieder auch die Fetzen geflogen sein. Beide waren sehr leidenschaftlich – im Lieben ebenso wie im Streiten, mit dem Hang, bei Letzterem die Sachlichkeit aus den Augen zu verlieren. Johns rationale Seite dürfte immer wieder große Mühe gehabt haben, Yokos Sorglosigkeit und ihren mitunter unbedarft anmutenden Aktionismus nachzuvollziehen. Er war eher derjenige, der die Dinge gerne zu Ende dachte und diskutierte. Für Yoko wiederum könnte Johns Unentschiedenheit, der stetige Wechsel von Meinungen und Stimmungen, eine Belastung dargestellt haben. Gerade in den späteren Jahren der Beziehung dürfte John aufgeschlossener, aber eben auch »anfälliger« für äußere Einflüsse gewesen sein, die ihn immer wieder auch an Dingen zweifeln ließen, die er und Yoko zuvor beschlossen hatten.

Leider konnten wir nicht Zeuge werden, wie diese Beziehung zweier so kreativer, visionär begabter Menschen, die ebenso wie jeder andere Mensch mit den Hürden des Alltags umzugehen hatten, weiterging. Yoko jedenfalls hat nach langen Rückzugsphasen ihren Weg als visionäre Macherin fortgeführt und überrascht die Menschen immer wieder mit ihren verrückten Ideen.

Beim nächsten Paar, das wir uns ansehen wollen, waren viele von Anfang an sicher: »Das geht nicht gut!« Ich spreche von Marilyn Monroe und Arthur Miller, und wie Sie wissen, sollten die Kritiker recht behalten. Die extravertierte blonde Schöne mit dem legendären Sex-Appeal und der sozialkritische, mit dem Pulitzer-Preis ausgezeichnete Dramatiker wurden nach fünf Jahren Ehe geschieden. Doch hatten sie wirklich keine Chance miteinander? Schauen Sie, was die physiognomische Analyse dazu sagt … ich glaube, Sie werden überrascht sein …

Quickcheck Marilyn Monroe, Arthur Miller:

Macher	Rationaler	Emotionaler	Visionär
Kantige Gesichts-form	Dreiteilung: Stirn-bereich am größten	Rundes/ovales Gesicht	Dreieckiges Gesicht ✓•
Dreiteilung: Kinnbereich am größten ✓•	Schmale Ohren	Dreiteilung: Nasenbereich am größten	Kantige Ohren ✓•
Innenohr über Außenohr ✓•	Leicht angewachse-ne Ohrläppchen ✓•	Große, hängende Ohrläppchen	Knubbel im Ohr ✓
Kurze Augen-brauen	Durchgezogene Stirnfalten ✓	Anliegende Ohren	Abstehende Ohren ✓• rechts
Schmal-längliche Augen •	Waagerechte Augen-brauen ✓	Tiefer Haaran-satz •	Ausgeprägte Stirn-kanten ✓
Ausgeprägte, hohe Wangenknochen •	Spärliche Augen-brauen ✓	Gerade Stirn •	Mickymaus-Haar-ansatz ✓•
Gerader Nasen-rücken •	Kleine Augen ✓	Gemütsfalte	Y-Falte ✓
Breiter Nasen-rücken •	Engstehende Augen	Geschwungene Augenbrauen	Eigenwillige, stör-rische Haare und Augenbrauen ✓•
Langes Philtrum	Welle oder Höcker im Nasenrücken ✓	Große Augen	Mephisto-Augen-brauen •
Fleischige Unter-lippe, schmale Oberlippe ✓	Nasenkanten ✓	Große Pupillen •	Tiefsitzende Augenbrauen ✓
Kantiger Kiefer	Kleine Nasenlöcher	Kaum sichtbare oder tiefsitzende Wangenknochen	Unterschiedliche Lage der Augen
Kantiges Kinn ✓	Kein Lippenherz ✓	Kurzes Philtrum ✓•	Weiter Augen-abstand ✓•
Kinn ragt nach vorne ✓	Kleiner Mund	Lippenherz •	Grüne Augen
Breiter Hals •	Strichlippe	Volle Lippen (oben wie unten) •	Dauerhafte Grübchen in der Wange •
Kurzer Hals ✓	Kleines, schmales Kinn	Fliehendes/gera-des Kinn •	Akkordeonfalten ✓
Ges.: 6 ✓ Arthur 7 • Marilyn	8 1	1 7	11 8

151

Arthur Miller

Die physiognomische Analyse zeigt ihn als visionären Denker, der mit kritischem Weitblick die Welt betrachtete und aus seinen Erkenntnissen sozialkritische Dramen entwickelte. Ein Mensch voller Widersprüche, der gleichzeitig offen und neugierig wie auch wachsam und skeptisch durch die Welt ging – das zeigen seine kleinen, aber weit auseinanderstehenden Augen, die Welle in seinem Nasenrücken und die tiefliegenden Augenbrauen. Seine hohe Stirn, die durchgezogenen Stirnfalten und die hohen Augenbrauen zeigen, dass er seine Wahrnehmung gern durch Fakten oder eigene Überprüfung untermauerte, bevor er sie für sein Werk nutzbar machte. Arthur Miller war eher introvertiert; sein Leben spielte sich überwiegend in seinem Inneren ab. Er sammelte Eindrücke und verarbeitete diese für sich und in sich selbst. Dabei war er sich häufig selbst genug. Den Hollywood-Rummel und die High Society dürfte er als anstrengend und oberflächlich empfunden haben. Im Kreise von Intellektuellen fühlte er sich vermutlich wohler, doch so richtig dürfte er weder in der Welt der Rationalen noch der der Visionäre zu Hause gewesen sein.

Im Umgang mit anderen Menschen wusste er gerne, woran er war. Er mochte Menschen, die berechenbar und zuverlässig waren, doch irgendwie langweilten sie ihn diese auch schnell – ein charakteristischer innerer Widerspruch bei Menschen, die große visionäre und gleichzeitig rationale Anteile in sich tragen. Mit den Unberechenbaren hatte er allerdings auch Mühe und distanzierte sich rasch von ihnen. Er konnte sich rasch für Neues begeistern, ebenso rasch aber auch wieder von seiner Begeisterung Abstand nehmen und logisch-analytisch begründen, warum ihm eine Idee nicht mehr zusagte. Außenstehende haben ihn möglicherweise als ambivalent wahrgenommen, da er einerseits sehr verschlossen wirkte (achten Sie auf die kleinen, tiefliegenden Augen, die geringe Augenbrauenbehaarung, die kleinen Ohren mit angewachsenen Ohrläppchen), plötzlich aber auch nur so losssprudeln konnte, je nach Tagesform (dafür sprechen Merkmale wie der Mickymaus-Haaransatz und die Knubbel im Ohr).

Marilyn Monroe

Wie Arthur Miller war auch Marilyn Monroe eine Persönlichkeit mit hohem visionärem Anteil, dazu mit viel Gefühl und dem Potenzial zur Umsetzung. Grundsätzlich eine sehr schöne Mischung der Konstitutionstypen. Marilyn konnte unglaublich präsent sein. Wenn es ihr gutging, leuchtete sie gewissermaßen von innen und zog die Menschen an wie Motten das Licht. Sie faszinierte und begeisterte Männer wie Frauen gleichermaßen, war nicht abgehoben, sondern nah an den Menschen, überraschend humorvoll, lösungsorientiert, weitblickend und doch auch weiblich-weich. Ihr Gesicht erfüllt die Merkmale des Kindchenschemas: große Augen, lange Wimpern, kleine Nase, volle Lippen – kein Wunder, dass sie bei Männern Beschützerinstinkte weckte. Der Mickymaus-Haaransatz und die weit auseinanderstehenden Augen zeigen Marilyns kreative Seite; die braunen Augen, lockigen Haare, der volle Mund mit Lippenherz und die kurvige Figur stehen für ihr emotionales Potenzial. Ihr Macher-Anteil zeigt sich in ihrer kantigen Gesichtsform, dem dominanten Kinnbereich, dem über das Innenohr ragenden Außenohr und daran, dass der knorpelige Bereich ihrer Ohren direkt über dem Ohrläppchen (Tragus und Antitragus) sehr plastisch ausgeformt ist. Typische Kennzeichen für den rationalen Anteil von Marilyns Persönlichkeit schließlich sind die angewachsenen Ohrläppchen, die kleine Ohrbucht, die Nasenkanten und das spitze Kinn.

Der Facettenreichtum ihrer Persönlichkeit machte sie zu einer guten Schauspielerin, die sich in die Charaktere ihrer

Rollen einfühlen konnte und in der Lage war, diese authentisch und kreativ umzusetzen. Ich habe an anderer Stelle schon darüber gesprochen, dass der Mensch nicht nur durch seine Gene geprägt wird, sondern auch durch seine Sozialisation und die Erfahrungen, die er macht. Marilyn Monroes schwierige Kindheit machte es ihr nahezu unmöglich, ein stabiles Selbstwertgefühl aufzubauen. Als Halbwaise zwischen ihrer Mutter und Pflegeeltern hin- und hergerissen, erfuhr Marilyn schon früh, wie es ist, nirgendwo richtig dazuzugehören. Als Erwachsene wollte sie dann vor allem gesehen, geliebt und wertgeschätzt werden. Der emotionale Anteil ihrer Persönlichkeit nahm nach und nach immer mehr Raum ein. Sie machte sich abhängig von ihren Männern, ihren Fans, auch ihren Kritikern und versuchte, allen gerecht zu werden. Auf diese Weise verlor sie jedes Gefühl für sich selbst.

Die Paaranalyse: Was verband die beiden?

Das visionäre Potenzial des jeweils anderen dürfte dafür gesorgt haben, dass Marilyn und Arthur sich zueinander hingezogen fühlten und ineinander verliebten. Mittlerweile weiß die Wissenschaft, dass während der Verliebtheitsphase der rationale, analytische Persönlichkeitsanteil eines Menschen weitgehend ruhiggestellt wird. In den Anfängen der Menschheit sorgte dies dafür, dass man zumindest eine gewisse Zeitlang zusammenblieb, so dass Nachkommen gezeugt werden konnten.

Arthur Miller mag überrascht gewesen sein, dass ihm bei seiner ersten Begegnung mit Marilyn nicht nur eine attraktive Frau gegenübertrat, sondern auch eine einfühlsame und kreative Gesprächspartnerin. Beide dürften von der Präsenz des jeweils anderen angezogen worden sein. In den ersten Monaten und Jahren ihrer Beziehung waren sie sich gegenseitig Ratgeber und tauschten sich intensiv nicht nur über Rollen, Drehbücher und Manuskripte aus, sondern auch darüber, wohin es mit der Welt ging. Bis sie sich unterwegs verloren.

Was ergänzte sich?

Marilyn gab Arthur das Gefühl, als Mann und Beschützer gewollt zu sein, gab ihm Aufmerksamkeit, Nähe und Emotionalität – das, was in ihm nicht so stark angelegt war. Er durfte der Mann im Hause sein, sie schaute zu ihm auf. Darüber hinaus bestärkte sie ihn in der Veröffentlichung seiner Werke und öffnete ihm durch ihre Popularität die eine oder andere Tür.

Arthur wiederum gab Marilyn Stabilität, ein Fundament, eine starke Schulter, an die sie sich anlehnen konnte. Seine logisch-analytische Betrachtungsweise machte ihn zum idealen Ratgeber, was neue Rollen oder die Weiterentwicklung ihrer Karriere betraf. Beide zusammen bildeten gewissermaßen die vollkommene Persönlichkeit. Mit mehr Verständnis füreinander hätten sie durchaus glücklich werden können.

Wo lagen Reibungspunkte?

Marilyns Leben war die Leinwand. Sie liebte es, die blonde Versuchung zu verkörpern, umschwärmt zu sein, im Rampenlicht zu stehen. Arthur, der mehr in ihr erkannt hatte als die blonde Sexbombe, wollte ihr Potenzial entwickeln und einen Imagewechsel herbeiführen, hin zur Charakterdarstellerin. Was in ihr vielleicht die Angst weckte, ihr Publikum zu verlieren.

Das, was die beiden anfangs aneinander fasziniert hatte – ihre freie, unbekümmerte, sorglose, emotionale Art, sein scharfer Intellekt, seine analytische Betrachtungsweise –, entwickelte sich mit der Zeit zu einem Gegensatz, der als unüberwindlich empfunden wurde. Irgendwann dürften beide das Verständnis füreinander verloren haben. Sehr schade bei einem Paar mit so viel gemeinsamem Potenzial …

Unser nächstes Paar ist ebenfalls in die Filmgeschichte eingegangen. Die oscarprämierte Schauspielerin und der Shakespeare-Mime, das Traumpaar der Hollywoodkulisse: Liz Taylor und Richard Burton. Jeder der gemeinsamen Filme spielte in kürzester Zeit die Kosten wieder ein. Sie konnten nicht mit- und nicht ohneeinander. Zweimal gelobten sie sich ewige Treue und trennten sich letztlich doch.

Machen Sie den Quickcheck und finden Sie heraus, was die beiden so sehr aneinander fasziniert hat!

Quickcheck Liz Taylor, Richard Burton:

Macher	Rationaler	Emotionaler	Visionär
Kantige Gesichts-form ✓ rechts	Dreiteilung: Stirnbe-reich am größten	Rundes/ovales Gesicht	Dreieckiges Gesicht ✓ links ●
Dreiteilung: Kinnbereich am größten ✓●	Schmale Ohren ✓●	Dreiteilung: Nasenbereich am größten	Kantige Ohren ✓●
Innenohr über Außenohr ●	Leicht angewach-sene Ohrläppchen ●	Große, hängende Ohrläppchen ✓	Knubbel im Ohr
Kurze Augen-brauen	Durchgezogene Stirnfalten	Anliegende Ohren ✓ rechts	Abstehende Ohren ✓ links
Schmal-längliche Augen ✓●	Waagerechte Augen-brauen ✓	Tiefer Haar-ansatz ●	Ausgeprägte Stirnkanten
Ausgeprägte, hohe Wangenknochen ●	Spärliche Augen-brauen	Gerade Stirn ●	Mickymaus-Haaransatz ✓●
Gerader Nasen-rücken ✓●	Kleine Augen	Gemütsfalte ✓	Y-Falte
Breiter Nasen-rücken ✓	Engstehende Augen ✓	Geschwungene Augenbrauen	Eigenwillige, störrische Haare und Augen-brauen ✓
Langes Philtrum	Welle oder Höcker im Nasenrücken	Große Augen	Mephisto-Augen-brauen ●
Fleischige Unter-lippe, schmale Oberlippe ✓●	Nasenkanten ✓●	Große Pupillen ●	Tiefsitzende Augenbrauen ✓
Kantiger Kiefer ✓●	Kleine Nasenlöcher	Kaum sichtbare oder tiefsitzende Wangenknochen ✓	Unterschiedliche Lage der Augen
Kantiges Kinn ✓	Kein Lippenherz ✓	Kurzes Philtrum ✓●	Weiter Augen-abstand
Kinn ragt nach vorne ✓	Kleiner Mund ✓●	Lippenherz ●	Grüne Augen
Breiter Hals ✓	Strichlippe	Volle Lippen (oben wie unten)	Dauerhafte Grübchen in der Wange ●
Kurzer Hals ✓●	Kleines, schmales Kinn ●	Fliehendes/gera-des Kinn ●	Akkordeon-falten ✓
Ges.: 11 ✓ Richard 8 ● Liz	6 5	5 6	7 5

157

Richard Burton

Ein Macher mit visionären Tendenzen, wie er im Buche steht. Charismatisch, durchsetzungsstark, willensstark ging er seinen Weg. Die vielen Kanten in seinem Gesicht – Gesichtsform, Wangenknochen, Kiefer, nach vorne strebendes Kinn – weisen auf ein ausgeprägtes Durchsetzungsvermögen hin. Er hatte sich hohe Ziele gesteckt, wollte etwas erreichen, etwas Sinnvolles tun und etwas hinterlassen: darauf weisen die nach unten zeigende Nasenspitze und der Nasenbonus hin.. Er war ein Mensch, der sich stetig neue Herausforderungen suchte. Dabei ging ihm Freiheit über alles – ein typischer Zug des Machers, der sich ungern in ein Korsett pressen oder in eine bestimmte Rolle drängen lassen will, sondern gerne selbst entscheidet. Er konnte sich in seinen Themen verlieren und brauchte dazu viel Freiraum. In seiner Euphorie konnte er durchaus vergessen, dass es außer ihm selbst noch andere Menschen gab, die Erwartungen an ihn hegten. Darüber hinaus musste er stets seine Männlichkeit unter Beweis stellen, als der Mann im Haus agieren. Kantige Gesichtszüge und starker Haar- und Bartwuchs sind immer auch ein Hinweis auf einen hohen Anteil des Männlichkeitshormons Testosteron. Anerkennung und Wertschätzung zu bekommen und als jemand Besonderer angesehen zu werden war Richard Burton wichtig. Nur: An seiner Seite hatte er nun einmal Liz Taylor, eine »Überfrau« gewissermaßen.

Liz Taylor

Die durchsetzungsfähige Macherin mit emotionalen Tendenzen, eine der größten Leinwand-Diven aller Zeiten, begeisterte bereits als Kind die Massen. Ihr Macher-Anteil zeigt sich im ausgeprägt modellierten Tragus und Antitragus (das sind die Knorpelteile des Ohres am Eingang des Gehörkanals und direkt über dem Ohrläppchen), im das Außenohr überragenden Innenohr, im breiten Kiefer und der im Vergleich zur Unterlippe schmaleren Oberlippe. Der emotionale Part ihrer Persönlichkeit ist erkennbar an Liz Taylors vollen, dunklen, lockigen Haaren, den ausgeprägten Augenbrauen und langen Wimpern, der geraden Stirn und dem schön ausgeprägten Lippenherz. In vielen Rollen gelang es ihr, die Charaktere überzeugend zu transportieren, die Menschen zu berühren und mitzureißen. Ihre angewachsenen Ohrläppchen, schmalen Ohren, die Nasenkanten und der kleine Mund wiesen Liz Taylor als einen Menschen aus, der Wert auf Vollkommenheit legt. Stets probte sie den perfekten Auftritt – nichts, weder Kleidung noch Gesten, noch sprachliche Inhalte überließ sie dem Zufall; alles war minutiös geplant und im Vorfeld geübt, bis hin zu ihrer Beerdigung.

Gesehen, wahrgenommen zu werden war auch für sie immens wichtig. Erfolg, Macht und Einfluss dürften ihre zentralen Werte gewesen sein. Ihren Einfluss und den hart erworbenen Ruhm setzte Liz Taylor im letzten Drittel ihres Lebens durchaus auch für die gute Sache ein. Ihr Perfektionismus, ihr Optimierungsanspruch (achten Sie in diesem Zusammenhang auch darauf, dass ihre Augenbrauen den größten Abstand zum Auge im dritten Bereich, also außen, haben) besaßen eine selbstzerstörerische Komponente. In ihrem Leben dürfte alles unter der Prämisse gestanden haben, erfolgreich zu sein und jedes Mal noch ein Schippchen draufzulegen. Liz Taylor nahm sich zwar die Freiheit, nach ihrem persönlichen Drehbuch zu spielen, war aber zugleich eine Geisel ihres eigenen Anspruchs. Darüber hinaus hatte sie die Rechnung ohne ihre Männer gemacht. Durch ihren Drang nach Kontrolle, Drama und großen Gefühlen (erkennbar in Mephisto-Augenbrauen, hohen Wangenknochen, Befehls- und Beharrlichkeitsfalte) schränkte sie ihre Partner in ihren Freiheiten stark ein, so dass sie über kurz oder lang wieder gingen. Diese Misserfolge im Privatleben machten aus der einst strahlenden Schönheit ein Wrack, das allen Arten von Rauschmittelmissbrauch verfiel.

Die Paaranalyse:
Was verband die beiden?

Wie Sie schon in den Einzelanalysen sehen konnten, unglaublich viel! Liz Taylor und Richard Burton waren sich in ihrer jeweiligen Persönlichkeitsstruktur sehr ähnlich, hatten ähnliche Vorstellungen und Ziele, wollten Ruhm, Anerkennung und Erfolg. Diese Ähnlichkeit dürfte zunächst dafür gesorgt haben, dass die beiden sich stark voneinander angezogen fühlten – später dann allerdings ebenso sehr voneinander abgestoßen. Beide waren sich viel zu ähnlich, waren viel zu ehrgeizig, viel zu perfektionistisch. Zwei »Alphatiere« trafen aufeinander, und in den ersten Jahren der Beziehung dürften die Energien, die jeder von beiden mitbrachte, sich wechselseitig potenziert haben. Die beiden Schauspieler waren nicht nur privat ein Paar, sondern oft genug auch auf der Leinwand. Auf die Dauer dürfte das zu viel gewesen sein. Die beiden sahen sich aneinander satt; die anfängliche Faszination schlug in mangelnde Wertschätzung, ja Verachtung um.

Was ergänzte sich?

Zusammen verfügten die beiden über unendlich viel Energie, und ihre Ähnlichkeit bildete die ideale Basis für wechselseitiges Verständnis. Sie war die Emotionalere von beiden, er der etwas Logischere … eine gute Ergänzung. Liz Taylor und Richard Burton hätten ein Traumpaar bleiben können, wenn es beiden gelungen wäre, das eigene Ego ein bisschen zurückzunehmen.

Wo lagen Reibungspunkte?

Nach dem bisher Gesagten dürfte der Fall eigentlich schon klar sein: Was passiert, wenn man einem Macher permanent seinen Auftritt streitig macht, ihm das Scheinwerferlicht wegnimmt, ihn seiner Freiheit beraubt? Er sucht sich eine andere Bühne, bricht aus, sucht die Bestätigung woanders. Taylor und Burton haben sich in ihrer Beziehung zu wenig Eigenes bewahrt, zu wenig Rücksicht auf das für Macher so typische Bedürfnis nach Freiraum genommen. Jeder für sich spannende Erfahrungen zu machen und dann in die Beziehung einzubringen hätte ihnen gutgetan.

Ein weiterer Reibungspunkt dürfte darin bestanden haben, dass beide nicht in der Lage waren, dem jeweils anderen die Bewunderung entgegenzubringen, die Macher so dringend brauchen. Anhimmeln dürfte weder seine noch ihre Stärke gewesen sein – dazu war der jeweils eigene Anspruch auf Erfolg, Ruhm und Macht zu groß.

Das letzte Paar, das ich mit Ihnen zusammen analysieren möchte, hat vor unserer Zeit gelebt und ist eines der berühmtesten der Weltgeschichte: Napoleon Bonaparte und Josephine de Beauharnais. »Ohne Josephine gibt es keinen vollständigen Napoleon«, schreibt die französische Journalistin und Historikerin Françoise Wagener. Was zog den jungen General an der sechs Jahre älteren Witwe an? Was machte ihre Beziehung aus?

Schauen wir uns doch wie gewohnt als Erstes die Bilder der beiden an und machen dann den Quickcheck:

Quickcheck Napoleon und Josephine:

Macher	Rationaler	Emotionaler	Visionär
Kantige Gesichts-form ✓	Dreiteilung: Stirnbereich am größten ●	Rundes/ovales Gesicht	Dreieckiges Gesicht ●
Dreiteilung: Kinnbereich am größten ●	Schmale Ohren ✓	Dreiteilung: Nasenbereich am größten	Kantige Ohren ✓●
Innenohr über Außenohr ✓●	Leicht angewach-sene Ohrläppchen	Große, hängende Ohrläppchen ✓●	Knubbel im Ohr
Kurze Augen-brauen	Durchgezogene Stirnfalten ✓	Anliegende Ohren ✓	Abstehende Ohren ●
Schmal-längliche Augen ●	Waagerechte Augenbrauen ✓●	Tiefer Haaransatz	Ausgeprägte Stirn-kanten
Ausgeprägte, hohe Wangen-knochen ✓●	Spärliche Augen-brauen ✓	Gerade Stirn	Mickymaus-Haar-ansatz
Gerader Nasen-rücken ●	Kleine Augen	Gemütsfalte	Y-Falte
Breiter Nasen-rücken	Engstehende Augen ✓	Geschwungene Augenbrauen	Eigenwillige, stör-rische Haare und Augenbrauen ✓●
Langes Philtrum	Welle oder Höcker im Nasenrücken ✓	Große Augen	Mephisto-Augen-brauen
Fleischige Unter-lippe, schmale Oberlippe ●	Nasenkanten ✓●	Große Pupillen	Tiefsitzende Augenbrauen ✓●
Kantiger Kiefer ✓●	Kleine Nasen-löcher	Kaum sichtbare oder tiefsitzende Wangenknochen	Unterschiedliche Lage der Augen ●
Kantiges Kinn ✓	Kein Lippenherz	Kurzes Philtrum ✓●	Weiter Augen-abstand ●
Kinn ragt nach vorne ✓	Kleiner Mund	Lippenherz ✓●	Grüne Augen
Breiter Hals ✓●	Strichlippe ✓	Volle Lippen (oben wie unten)	Dauerhafte Grüb-chen in der Wange
Kurzer Hals ✓	Kleines, schmales Kinn ✓●	Fliehendes/gera-des Kinn ●	Akkordeonfalten
Ges.: 8 ✓ Napoleon 8 ● Josephine	9 4	4 4	3 7

Napoleon

Der berühmte Mann war ein willensstarker Macher, der strategisch vorging und niemals etwas dem Zufall überließ. Er beobachtete, plante, analysierte, kalkulierte und handelte erst dann, wenn er alle Fakten zusammengetragen hatte. Sein Gesicht ist voll von Merkmalen des rationalen Typus: gerade Augenbrauen, tiefliegende kleine Augen, eine spitze, kantige und lange Nase, Strichlippen. Der Macher-Anteil zeigt sich in kantigen Gesichtszügen, dem über das Außenohr ragenden Innenohr und den hohen Wangenknochen. Sein ausgeprägter Perfektionismus und der Drang nach Ruhm und Ehre – achten Sie auf die nach unten weisende Nasenspitze, den Nasenbonus und die geraden Augenbrauen – machten ihn zum perfekten Strategen. Seine engsten Mitstreiter überwachte er genau und bemerkte dabei jede noch so kleine Veränderung. Menschen schob Napoleon wie Schachfiguren auf dem Spielfeld hin und her. Er war nicht zuletzt auch ein großartiger Manipulator, der es bestens verstand, sein Volk in seinen Bann zu ziehen. Napoleon wollte etwas erreichen, der Nachwelt etwas hinterlassen. Die Welt dürfte er dabei eher in Schwarz-Weiß-Kategorien betrachtet haben denn als bunte Vielfalt. Sein Lebensmotto könnte gelautet haben: »Was bringt mir das?«

Josephine

Sie war eine Macherin mit visionären Zügen, die, für die damalige Zeit völlig ungewöhnlich, ihr Leben selbst in die Hand nahm und das machte, wonach ihr der Sinn stand. Dabei verließ sie sich voll und ganz auf ihr Bauchgefühl, ihre Intuition: dafür stehen Merkmale wie die dreieckige Gesichtsform, die vielen störrischen Haare und die großen, leicht abstehenden Ohren. Josephine wusste ganz genau, was man wo und wie am besten einsetzte, um möglichst viel zu erreichen. Das unterstreichen ihre Macher-Kennzeichen, wie etwa der dominante Kinnbereich, das über das Außenohr ragende Innenohr und die schmale Oberlippe. Sie war bereit, alle Register zu ziehen und etwas zu wagen. Beispielsweise löste sie sich aus einer unglücklichen, arrangierten Ehe und wurde, anstatt ausgestoßen zu werden, zu einer Grande Dame der Pariser Gesellschaft, die das schöne Leben und den Genuss sehr schätzte. Wie andere Menschen über sie dachten, dürfte Josephine nicht groß gekümmert haben – sie ging zielstrebig ihren Weg, immer auf der Suche nach etwas, das ihr Leben bereicherte. In ihrer Tatkraft dürfte sie schwer ruhigzustellen gewesen sein, und mit ihrer geselligen und unkomplizierten Umgangsweise schuf sie sich ein großes Beziehungsnetzwerk, das sie zu ihrem Vorteil – und zu dem ihres zweiten Ehemannes – zu nutzen verstand.

Die Paaranalyse:
Was verband die beiden?

Beide wollten glänzen, etwas darstellen, wenn auch in unterschiedlichen Bereichen. In den Anfangszeiten der Beziehung, während Napoleons Aufstieg, war Josephine ihm auch politische Beraterin. Sein Aufstieg dürfte sich auch der Tatsache verdanken, dass sie die richtigen Beziehungen für ihn knüpfte, während er im Gegenzug ihr aufwendiges Gesellschaftsleben finanzierte und ihr, indem er sie zur Kaiserin krönte, einen Rahmen verschaffte, der ihrem Selbstverständnis entsprach. Was die Liebe der beiden zueinander anging, ist die Geschichtsschreibung unterschiedlicher Meidung; man kann wohl davon ausgehen, dass beide ihre Gefühle durchaus mit ihren pragmatischen Macher-Interessen zu verknüpfen wussten.

Was ergänzte sich?

Kurz gesagt: Ihr Charme und ihre Fähigkeit, Beziehungen zu

knüpfen, dürften das perfekte Pendant zu seiner strategischplanvollen Art gewesen sein. Wo er nicht weiterkam, setzte er sie als Geheimwaffe ein.

Wo lagen Reibungspunkte?
Wiederum in der logisch-analytischen Art Napoleons. Als klar wurde, dass Josephine ihm keinen Erben gebären würde, trennte er sich von ihr. Seine dynastischen Interessen waren ihm wichtiger als das, was ihn mit seiner Frau verband. Vielleicht glaubte er aber auf dem Höhepunkt seiner Macht auch, sie als »Netzwerkerin« nicht mehr zu benötigen.

Mit Napoleon und Josephine schließen wir die Analyse prominenter Paare ab. Haben Ihnen die Paaranalysen Spaß gemacht? Ich liebe diese Analysen, die Ergebnisse faszinieren immer wieder aufs Neue, so dass ich entschieden habe, eine App zu diesem Thema zu entwickeln und Ihnen damit die Arbeit maßgeblich zu erleichtern. »Love Booster« beschäftigt sich mit dem Thema Homogamie, also dem Wunsch, im Gegenüber sein eigenes Spiegelbild wiederzufinden. Die kostenlose App baut aus einer Ihrer Gesichtshälften und der Gesichtshälfte einer auserwählten Person ein neues Gesicht. Dieses wird dann anhand von über zwanzig Parametern vermessen und auf Harmonie geprüft. »Love Booster« gibt dann Aufschluss darüber, ob die Zukunft dieser beiden Menschen erfolgversprechend und harmonisch oder eher herausfordernd und anspruchsvoll wird. Scannen Sie einfach den folgenden QR-Code und laden sich die App herunter, um zu sehen, ob die Analyse recht behält. Natürlich können Sie diese auch für Freunde, Kollegen, Chefs, zukünftige Partner und andere für Sie spannende Menschen nutzen. Viel Freude damit!

ZUM SCHLUSS ...

Liebe Leserinnen und Leser,

Goethe soll gesagt haben, dass sich wahrhafte Dankbarkeit mit Worten nicht ausdrücken lässt. Ich will es trotzdem versuchen, indem ich einfach danke sage für Ihr Interesse an diesem Buch, für Ihre Zeit und nicht zuletzt Ihre Bereitschaft, das Gesichterlesen selbst auszuprobieren. Meine Hoffnung ist, dass etwas von der Begeisterung, die mich nach vielen Jahren in dieser Materie immer noch begleitet und antreibt, auf Sie übergesprungen ist. Ich möchte Sie ermuntern, das Gesichterlesen jeden Tag zu praktizieren – leicht und spielerisch. Sprechen Sie mit anderen Menschen über das, was Sie in ihren Gesichtern erkennen. Oft eröffnen sich dadurch Möglichkeiten für spannende neue Begegnungen.

Um Ihre Analysen zu erleichtern, können Sie sich unter www.tatjanastrobel.com/listen den Quickcheck und die ausführliche Merkmalliste herunterladen.

Für den Fall, dass das vorliegende Buch Ihr Einstieg in die Physiognomik war, möchte ich Ihnen meine anderen Bücher ans Herz legen:

Ich weiß, wer du bist (Knaur Taschenbuch, 2011),

Ich weiß, wie du fühlst (Goldmann Verlag; 2011),

Ich weiß, wer zu dir passt (Arkana Verlag 2012),

Die hohe Kunst der Selbstdarstellung (Goldmann Verlag, 2014).

Und falls Sie die Kunst des Gesichterlesens gern beruflich nutzen würden und/oder sich vorstellen könnten, als Trainerin oder Redner mit ihr zu arbeiten, können Sie unterschiedliche

Kurse und Ausbildungen absolvieren. Mehr dazu finden Sie unter www.tatjanastrobel.com. Ich freue mich, wenn wir uns schon bald persönlich kennenlernen!

Herzlichst

Ihre Tatjana Strobel

ANHANG

Auflösungen zu den Übungen

Kapitel 1

Analyse Arnold Schwarzenegger:

Macher	Rationaler	Emotionaler	Visionär
Kantige Gesichtsform ✓	Dreiteilung: Stirnbereich am größten	Rundes/ovales Gesicht	Dreieckiges Gesicht
Dreiteilung: Kinnbereich am größten ✓	Schmale Ohren	Dreiteilung: Nasenbereich am größten	Kantige Ohren ✓
Innenohr über Außenohr ✓	Leicht angewachsene Ohrläppchen	Große, hängende Ohrläppchen ✓	Knubbel im Ohr
Kurze Augenbrauen	Durchgezogene Stirnfalten	Anliegende Ohren	Abstehende Ohren ✓ (Die Ohrläppchen stehen unten ab. Dies wird genauso gewertet wie eine insgesamt abstehende Ohrmuschel.)
Schmal-längliche Augen ✓	Waagerechte Augenbrauen ✓	Tiefer Haaransatz	Ausgeprägte Stirnkanten
Ausgeprägte, hohe Wangenknochen ✓	Spärliche Augenbrauen	Gerade Stirn	Mickymaus-Haaransatz ✓
Gerader Nasenrücken	Kleine Augen	Gemütsfalte ✓	Y-Falte
Breiter Nasenrücken ✓	Engstehende Augen	Geschwungene Augenbrauen	Eigenwillige, störrische Haare und Augenbrauen ✓
Langes Philtrum ✓	Welle oder Höcker im Nasenrücken	Große Augen	Mephisto-Augenbrauen
Fleischige Unterlippe, schmale Oberlippe ✓	Nasenkanten ✓	Große Pupillen	Tiefsitzende Augenbrauen ✓

Macher		Rationaler	Emotionaler	Visionär
Kantiger Kiefer	✓	Kleine Nasen-löcher	Kaum sichtbare oder tiefsitzende Wangenknochen	Unterschiedliche Lage der Augen
Kantiges Kinn	✓	Kein Lippenherz ✓	Kurzes Philtrum	Weiter Augen-abstand
Kinn ragt nach vorne	✓	Kleiner Mund	Lippenherz	Grüne Augen
Breiter Hals	✓	Strichlippe	Volle Lippen (oben wie unten)	Dauerhafte Grüb-chen in der Wange
Kurzer Hals	✓	Kleines, schmales Kinn	Fliehendes Kinn	Akkordeonfalten ✓
Gesamt:	**13**	**3**	**2**	**6**

Hätten Sie's gedacht? Arnold Schwarzenegger ist ein Macher mit visionären Tendenzen. Ein Mensch, dem Ruhm, Ehre, Stolz, etwas zu erreichen sehr wichtig sind. Gleichzeitig schaut er immer nach vorne, möchte etwas hinterlassen, langweilt sich mit dem Gegebenen sehr schnell. Seine visionären und kreativen Ansätze lassen ihn immer wieder neue Projekte beginnen – und tatsächlich hat Arnold Schwarzenegger ja in ganz unterschiedlichen Lebensbereichen Karriere gemacht.

Analyse Angelina Jolie:

Macher	Rationaler	Emotionaler	Visionär
Kantige Gesichts-form ✓	Dreiteilung: Stirnbereich am größten ✓	Rundes/ovales Gesicht	Dreieckiges Gesicht
Dreiteilung: Kinnbereich am größten ✓	Schmale Ohren	Dreiteilung: Nasenbereich am größten ✓	Kantige Ohren
Innenohr über Außenohr ✓	Leicht angewach-sene Ohrläppchen ✓	Große, hängende Ohrläppchen	Knubbel im Ohr
Kurze Augen-brauen	Durchgezogene Stirnfalten	Anliegende Ohren ✓	Abstehende Ohren
Schmal-längliche Augen ✓	Waagerechte Augenbrauen	Tiefer Haaransatz	Ausgeprägte Stirnkanten ✓
Ausgeprägte, hohe Wangenknochen ✓	Spärliche Augen-brauen	Gerade Stirn	Mickymaus-Haar-ansatz
Gerader Nasen-rücken ✓	Kleine Augen	Gemütsfalte	Y-Falte
Breiter Nasen-rücken ✓	Engstehende Augen	Geschwungene Augenbrauen	Eigenwillige, stör-rische Haare und Augenbrauen
Langes Philtrum	Welle oder Höcker im Nasenrücken	Große Augen	Mephisto-Augen-brauen ✓
Fleischige Unter-lippe, schmale Oberlippe	Nasenkanten	Große Pupillen ✓	Tiefsitzende Augenbrauen
Kantiger Kiefer ✓	Kleine Nasen-löcher ✓	Kaum sichtbare oder tiefsitzende Wangenknochen	Unterschiedliche Lage der Augen
Kantiges Kinn	Kein Lippenherz ✓	Kurzes Philtrum ✓	Weiter Augen-abstand
Kinn ragt nach vorne	Kleiner Mund	Lippenherz	Grüne Augen ✓
Breiter Hals	Strichlippe	Volle Lippen (oben wie unten) ✓	Dauerhafte Grübchen in der Wange ✓
Kurzer Hals ✓	Kleines, schmales Kinn	Fliehendes oder gerades Kinn ✓	Akkordeonfalten ✓
Gesamt: 9	**4**	**6**	**5**

Sind Sie zum gleichen Ergebnis gekommen?

Was bei Angelina sehr spannend ist, ist, dass die Dreiteilung ihres Gesichts ausgeglichen ist. Das bedeutet, sie kann sich auf alle Typen recht gut einstellen und findet deren Sprache. Dies bestätigt auch das Gesamtergebnis. In erster Linie haben wir es bei ihr mit einem Macher zu tun, der jedoch große emotionale Anteile hat und ab und an etwas Verrücktes, Ungewöhnliches tun muss (das ist der Anteil des Visionärs).

Ihre Macher-visionären Eigenschaften lebt Angelina in ihrem Job als Schauspielerin und Regisseurin aus, das Emotionale mit ihren Kindern und in der Beziehung zu Brad Pitt. Sie hat Wege gefunden, alle ihre Bereiche zu leben. Das ist gut, denn nach meiner Erfahrung leiden insbesondere Menschen, die nennenswerte Anteile aller vier Konstitutionstypen haben, oft unter großer innerer Zerrissenheit, da alle Bereiche gelebt werden wollen, dies aber im Leben der betreffenden Menschen nicht immer möglich ist.

Kapitel 2

Spiegelung der Gesichtshälften

Dominiks rechte Gesichtshälfte zeigt gerade Augenbrauen mit einer Kante nach unten, einen engen Augenstand, einen eher breiteren Nasenrücken und einen großen Mund. Das spricht dafür, dass er in der Schule ernsthaft und durchdacht an die Dinge herangeht, belastbar ist und sich gut ausdrücken kann.

Die linke Gesichtshälfte weist geschwungene Augenbrauen mit einer Tendenz nach unten auf, große, weit geöffnete Augen, abstehende Ohren und einen kleinen Mund, dessen Oberlippe nach außen geschwungen ist. Zu Hause ist für Dominik wichtig, dass es harmonisch und liebevoll zugeht. Er kann sich auf andere einlassen und ist offen und neugierig.

Weil Dominik mitten in der Pubertät steckt, ist seine Gesichtsanalyse eher eine Momentaufnahme. Wie bei allen Jugendlichen kann sich sein Gesicht innerhalb weniger Wochen stark verändern. Es bleibt also spannend, zu sehen, welche Merkmale den erwachsenen Dominik kennzeichnen werden …

Die rechte Gesichtshälfte der Dame zeigt eine dreieckige Gesichtsform.

Die Wangenknochen sind ausgeprägt, der Neigungswinkel der Augen verläuft deutlich nach oben. Die Augenbrauen sind eher kantig, der Nasenrücken ist eher breit, der Mund groß, mit ausgeglichener Ober- und Unterlippe. Der Hals ist fein. Beruflich übernimmt sie gerne die Führung, ist belastbar, kommunikativ, aber auch einfühlsam und sensibel.

Die linke, »private« Gesichtshälfte weist eine eher ovale Form auf, mit geschwungenen Augenbrauen, engstehenden Augen und einem schmalen Nasenrücken. Der Hals erscheint in der Spiegelung der linken Gesichtshälfte eher breit. Der schmale Nasenrücken deutet auf eine eher geringe Belastbarkeit der Dame in privaten Belangen hin. Privat schaut sie genauer hin und ist kritischer. Harmonie und Geselligkeit spielen für sie dennoch auch eine große Rolle.

Analyse Angela Merkel:

Hier zunächst einmal der Quickcheck:

Macher	Rationaler	Emotionaler	Visionär
Kantige Gesichts-form ✓	Dreiteilung: Stirnbereich am größten ✓	Rundes/ovales Gesicht	Dreieckiges Gesicht ✓
Dreiteilung: Kinnbereich am größten	Schmale Ohren ✓	Dreiteilung: Nasenbereich am größten	Kantige Ohren ✓
Innenohr über Außenohr	Leicht angewachse-ne Ohrläppchen ✓	Große, hängende Ohrläppchen	Knubbel im Ohr
Kurze Augen-brauen	Durchgezogene Stirnfalten ✓	Anliegende Ohren ✓	Abstehende Ohren
Schmal-längliche Augen	Waagerechte Augenbrauen	Tiefer Haaransatz	Ausgeprägte Stirn-kanten
Ausgeprägte, hohe Wangenknochen ✓	Spärliche Augen-brauen	Gerade Stirn	Mickymaus-Haar-ansatz
Gerader Nasen-rücken ✓	Kleine Augen ✓	Gemütsfalte	Y-Falte
Breiter Nasen-rücken ✓	Engstehende Augen	Geschwungene Augenbrauen ✓	Eigenwillige, stör-rische Haare und Augenbrauen
Langes Philtrum ✓	Welle oder Höcker im Nasenrücken	Große Augen	Mephisto-Augen-brauen
Fleischige Unter-lippe, schmale Oberlippe ✓	Nasenkanten	Große Pupillen	Tiefsitzende Augenbrauen
Kantiger Kiefer ✓	Kleine Nasenlöcher	Kaum sichtbare oder tiefsitzende Wangenknochen	Unterschiedliche Lage der Augen ✓
Kantiges Kinn	Kein Lippenherz ✓	Kurzes Philtrum	Weiter Augen-abstand ✓
Kinn ragt nach vorne ✓	Kleiner Mund ✓	Lippenherz	Grüne Augen
Breiter Hals ✓	Strichlippe	Volle Lippen (oben wie unten)	Dauerhafte Grüb-chen in der Wange
Kurzer Hals ✓	Kleines, schmales Kinn	Fliehendes Kinn	Akkordeonfalten
Gesamt: 10	7	2	4

Frau Merkels Gesichtsform ließe sich als »kantiges Dreieck« beschreiben: Das steht einerseits für eine gute Intuition, andererseits für Willensstärke und Durchsetzungskraft. Bei der Dreiteilung des Gesichts ist der Stirnbereich dominant. Die Augenbrauen sind mittelstark ausgeprägt; bei ihnen ist der rationale Teil auffallend betont (sie werden nach hinten schmaler). Ohne Fakten geht es also für Frau Merkel nicht. Die Augenbrauen sind gerundet, ihre Form ist offen. Frau Merkels Augen sind offen und schrägstehend sowie eher klein. Physiognomisch steht dies für Offenheit und Klarheit auch in der Wesensart. Das rechte Auge liegt etwas tiefer, was auf ein gewisses Misstrauen schließen lässt. Die blaugrüne Farbe der Augen signalisiert jedoch Offenheit und Freundlichkeit.

Die Ohren sind anliegend, mit angewachsenen Ohrläppchen; das Innenohr ragt beidseitig über das Außenohr. Dies sind wiederum Merkmale, die für die Orientierung an Zahlen, Daten, Fakten und für Durchsetzungskraft stehen. Die Ohren sind eher groß, was Frau Merkel als gute Zuhörerin ausweist.

Was die Gesichtsfalten betrifft, ist vor allem die Nasolabialfalte auffallend. Sie ist ein Indiz dafür, dass es in Angela Merkels Leben größere Erschütterungen gegeben hat. Die Falten unter Frau Merkels Augen ziehen eher nach unten.

Die Haare sind kräftig. Bei Frau Merkels Mund ist die Unterlippe stark ausgeprägt, was auf Genussfähigkeit schließen lässt. Die Oberlippe ist schön geformt, weist aber kein Lippenherz auf: Die Kanzlerin kann sich auf andere Menschen einstellen, tut dies aber nur, wenn sie es auch will. Auffallend sind die nach unten gezogenen Mundwinkel und die »Merkel-Falte«, die bis zum Kinn reicht Das »umgekehrte Smiley« zeigt, dass sie einiges einstecken muss und häufig auch mit Frustration und Enttäuschung zu kämpfen hat.

Frau Merkels Nase zeigt an, dass sie etwas von sich hinterlassen will, das Philtrum lässt auf ihren Willen zur Macht und Dominanz schließen. Das Kinn ist für ein dreieckiges Gesicht auffallend rund, breit und stabil, was für den Wunsch nach klaren Linien und gesicherten Verhältnissen steht. Ihre Wangenknochen signalisieren Neugierde, Offenheit und den Willen zur Durchsetzung.

Alles in allem ist Frau Merkels Gesicht eher unauffällig und zurückhaltend. Es strahlt kein übermäßiges Charisma aus und könnte auch der gepflegten Dame von nebenan gehören. Es weist weder auffällige Sympathie- noch Antipathie-Merkmale auf. Ein freundlich-offenes, aber wenig markantes Gesicht. Erst in den letzten Jahren sind Frau Merkels ausgeprägte Nasolabialfalte und die sogenannte »Merkel-Falte«, die bis zum unteren Kinn verläuft, zu ihrem Marken- und Erkennungszeichen geworden.

Ihre hohe »Denkerstirn« zeigt, dass Daten, Fakten und Wissenschaftlichkeit sehr wichtig für sie sind. Angela Merkel hat es gerne sachlich, was sie auch in ihrem gesamten Verhalten zeigt. Sie ist ein Mensch, der Wissen förmlich aufsaugen und analytisch verarbeiten kann. Eine große Begabung!

Ihre dreieckige, im Kieferbereich kantige Gesichtsform zeigt ihre Ader für Diplomatie und ihr ausgesprochenes Einfühlungsvermögen bei gleichzeitiger Durchsetzungskraft. Frau Merkels Ohren sind anliegend, und in der Öffentlichkeit präsentiert sie sich denn auch angepasst. Die Auswahl ihrer Kleider und Accessoires und ihre Frisur entsprechen der gesetzten Mainstream-Businessfrau.

Angela Merkels Statur spricht für sich. Sie fügt sich nicht dem gesellschaftlichen Schlankheitszwang, sondern demonstriert, dass man ohne weiteres ein paar Kilos zu viel haben darf. Angela Merkel ist eine Genießerin, was ihre Unterlippe zeigt, und dazu steht sie auch. Ihre Ausstrahlung ist weniger

sportlich-dynamisch als vielmehr bodenständig, ja fast mütter-
lich.

Aus physiognomischer Sicht ist Angela Merkel sicher nicht
die auffällige Persönlichkeit, nach der man sich umdreht. Ganz
im Gegenteil: Wäre sie nicht Kanzlerin, würde sie wahrscheinlich in der Masse kaum auffallen. Bleibt die Frage, was diese
Frau so erfolgreich macht. Was ist es, das sie ausmacht und ihr
ein bislang nicht da gewesenes Alleinstellungsmerkmal in der
Geschichte erfolgreicher Frauen gibt? Man darf vermuten, dass
Frau Merkels Bodenständigkeit und Stabilität, gepaart mit
ihrem Bauchgefühl und ihrem messerscharfen Verstand, eine
Erfolgsmischung der ganz besonderen Art darstellt. Sie braucht
keine Marken und Labels, keine Schönheitsideale und Mode-
trends, sie macht sich selbst auf der ganzen Welt zum Markenzeichen.

Ihre Handgestik hat einen internationalen Markennamen
kreiert: das »Merkel-Dach« oder die »Pyramide der Macht«.
Kaum dass die ganze Welt begonnen hat, diese Geste zu kopieren, setzt ihre Urheberin sie nur noch sparsam ein. Ihre Jacketts
sind Gesprächsthema bei jeder Ladies' Night, und was die Farb-
auswahl ihrer Garderobe betrifft, hätte vermutlich so mancher
Stilberater Alternativvorschläge im Sinn.

Man könnte meinen, Frau Merkel wüsste es nicht besser –
aber diese Frau lässt sich nicht in die Karten schauen. So kommt
es, dass sie immer für Überraschungen gut ist. Angela Merkel
zeigt beispielhaft, wie frau mit Substanz statt Styling eine große
Wirkung erzielt.

Was ihr Handeln betrifft, so durchdenkt Angela Merkel analytisch jeden einzelnen Schritt. Das zeigen die angewachsenen
Ohrläppchen, die schmalen Ohren und die kleinen, eng beiein-
anderstehenden Ohren. Sie sammelt Daten und Fakten, bevor
sie eine Entscheidung trifft. Gerne beeindruckt sie jedoch auch

immer wieder mit ihrer Diplomatie und ihrem großen situationsbedingten Einfühlungsvermögen.

Die sehr ausgeprägte Nasolabialfalte, die gewissermaßen die Eckzähne verlängert, gibt Frau Merkel den »gewissen Biss«. Zusammen mit der »Merkel-Falte« sorgt diese Falte für eine Ausstrahlung von Kompetenz und den Eindruck, in Frau Merkel jemanden vor sich zu haben, den man besser respektiert. Beide Falten zeigen, dass mit ihr unter Umständen nur bedingt »gut Kirschen essen« ist, und signalisieren: »Vorsicht, ich kann schnell und fest zubeißen, wenn es sein muss.« Menschen mit dieser Art Faltenbildung sind häufig Perfektionisten und stellen die höchsten Ansprüche erst einmal an sich selbst. Die Fähigkeit zur Selbstkritik gehört zu ihren Persönlichkeitsmerkmalen; sie versuchen stetig, weiter zu kommen als der Rest der Welt. Das ist anstrengend und bedeutet harte Arbeit. Bei Angela Merkel ist diese Faltenbildung ein weiterer Schritt hin zu einem interessanten Charisma.

Mein Fazit: Angela Merkel hat es geschafft, mit Authentizität, Verstand und Diplomatie die Welt zu überzeugen und ein neues weibliches Vorbild zu sein. Herzlichen Glückwunsch, Frau Merkel!

Gesichtshälften-Analyse:
Die Spiegelung der rechten Gesichtshälfte von Frau Merkel zeigt ein kantig-dreieckiges Gesicht, was für ein gutes Bauchgefühl steht, gepaart mit Durchsetzungsvermögen. Die Augen stehen weit auseinander – ein Zeichen für Weitblick. Die Nase weist einen Nasenbonus auf: Angela Merkel möchte im beruflichen Bereich sinnstiftend agieren. Das lange Philtrum zeigt an, dass sie das gerne auf ihre Art tut und dass sie einen Dominanzanspruch hat. Die schmale Oberlippe ist ein Indiz für Frau Merkels Orientierung an Zahlen, Daten, Fakten.

In der Spiegelung der linken Gesichtshälfte ist Angela Merkels Gesicht flächiger, was darauf hinweist, dass privat der kinästhetische Sinneskanal für sie von großer Bedeutung ist: Bewegung und Aktivität sind wichtig für sie; Neues möchte sie »spüren«, ehe sie es verinnerlicht. Nase und Hals sind wesentlich breiter als in der Spiegelung der rechten Gesichtshälfte – das zeigt eine große Stabilität im Privaten an. Die Lippen sind voller, der Mund ist größer: Privat dürfte Angela Merkel sich emotionaler geben und auch schon mal ins Plaudern kommen.

Veränderung physiognomischer Merkmale im Laufe der Zeit:
Bei Frau Merkel hat sich die Gesichtsform von oval zu kantig verändert, der Neigungswinkel der Augen ist schwächer geworden; die Augen stehen jetzt gerade, und sie sind kleiner geworden. Das Philtrum (der Bereich zwischen Nase und Lippen) ist hingegen größer geworden, die Lippen wiederum schmaler, der Mund kleiner. Physiognomisch gedeutet bedeutet das: Frau Merkel ist ernster, kritischer, durchsetzungsstärker und machtvoller geworden.

Gesichtshälften-Analyse Barack Obama:

Die rechte, »geschäftliche« Gesichtshälfte zeigt eine dreieckige Gesichtsform, was für jede Menge Bauchgefühl und Diplomatie spricht. Weniger Augenbrauenbehaarung (weniger Mitgefühl), nach unten gerichtete äußere Augenwinkel (ein eher pessimistischer und vorsichtiger Mensch), einen breiten Nasenrücken (gute Belastbarkeit), einen weiten Augenabstand (Weitblick), stark ausgeprägte Wangenknochen (Führungsqualitäten, Neugierde), einen »Nasenbonus« (also eine fleischige, leicht nach unten zeigende Nasenspitze: dieser Mensch muss etwas machen, das Sinn ergibt). Das gering ausgeprägte Lippenherz zeigt, dass Barack Obama willensmäßig entscheidet, ob und wann er sich auf andere einlässt, und das spitze Kinn steht für einen scharfen Intellekt.

Die linke, »private« Seite ist gekennzeichnet durch ein ovales Gesicht (ausgeprägte Sozialkompetenz, Bedürfnis nach Geselligkeit und Harmonie), buschigere Augenbrauen (Temperament und Leidenschaft), nach oben gerichtete Augenwinkel (Optimismus), höher stehende Ohren (schnellere Entscheidungsfindung), eine schmalere Nase (geringe Belastbarkeit), stark ausgeprägte Nasenflügel (ein großes Ego), ein ausgeprägtes Lippenherz (Einfühlungsvermögen für Menschen und Situationen) und ein volles, rundes Kinn (dieser Mensch liebt die Annehmlichkeiten des Lebens).

Falls Sie nun neugierig geworden sind und Ihre physiognomischen Analysen gerne noch erweitern möchten, stelle ich Ihnen gerne die komplette Liste der physiognomischen Merkmale zur Verfügung. So können Sie über den Quickcheck hinaus mit über 200 Merkmalen arbeiten. Ich wünsche Ihnen viel Freude dabei!

Liste physiognomischer Merkmale

(M = Macher, E = Emotionaler, R = Rationaler, V = Visionär,
K. E. = keine Einteilung)

Typ	Merkmal: Haare	Typ-Beschreibung
M/E	viele Haare	robust, Gespür für andere
E	feine Haare	sensibel, verletzlich
V	Wirbel	hat einen eigenen Kopf & Willen
E	kurze, lockige Haare	»Gefühlsdenker«: intuitiv und logisch gleichermaßen begabt
E	lange, glatte Haare	warmherzig, sachlich, überlegt
E	lange, lockige Haare	intensives Gefühls- und Seelenleben
R	kurze, glatte Haare	rational, sachlich, unnahbar, ordnungsliebend
V	störrische Haare	passt sich nicht gerne an, will seinen eigenen Weg gehen
M	rote Haare	leidenschaftlich, ironisch, evtl. nachtragend
E	schwarze Haare	leidenschaftlich, sinnlich, offen, begeisterungsfähig
E	braune Haare	humorvoll, schwungvoll, impulsiv
E	blonde Haare	empfindsam, träumerisch
M	Mittelscheitel	eigenständig, gefühlsgeleitet
E	Scheitel rechts	zurückhaltend, will nicht auffallen
R	Scheitel links	korrekt, höflich, glaubwürdig
V	kein Scheitel	unkonventionell, unkompliziert

Typ	Merkmal: Kopfgröße	Typ-Beschreibung
M	normal großer Kopf	gutes Gleichgewicht zwischen Vernunft und Gefühl
E	großer Kopf	gefühlsbetont und phantasievoll
R	kleiner Kopf	strukturiert und vernünftig

Typ	Merkmal: Kopf-Schwerpunkt	Typ-Beschreibung
M	Schwerpunkt Hinterkopf	Tatmensch mit hohem Leistungsvermögen
E	Schwerpunkt Oberkopf	Gefühlsmensch mit intensivem Seelenleben
R	Schwerpunkt Kopf vorne	dominanter Stirnbereich: Verstand und Emotionen können klar getrennt werden, eher der intellektuelle Typ

Typ	Merkmal: Kopf-Proportionen	Typ-Beschreibung
M/V	mehr Fläche vor dem Ohr	lebt in der Gegenwart, Vergangenes zählt nicht
E	Proportionen gleichmäßig	berücksichtigt neue Erfahrungen und gleicht sie mit alten ab
R	mehr Fläche hinter dem Ohr	lebt in der Vergangenheit, tut sich schwer mit Neuem

Typ	Merkmal: Gesichtsform	Typ-Beschreibung
M	trapezförmiges Gesicht	tatkräftig, manuell geschickt, erfolgsorientiert
E	rundes/ovales Gesicht	gesellig, umgänglich, hilfsbereit, harmoniebedürftig, kontaktfreudig
R/M	quadratisches/rechteckiges Gesicht	willensstark, durchsetzungsfähig, tatkräftig, entscheidungsfreudig
V/E	dreieckiges Gesicht	starke Intuition, diplomatisch

Typ	Merkmal: Gesichtsdreiteilung	Typ-Beschreibung
M	dominanter Bereich Ausführung: vom Nasensteg bis zur Kinnspitze	bringt sich aktiv ins Geschehen ein Motto: »Was kann ich noch erreichen?« kinästhetisch-visueller Sinneskanal dominant
E	dominanter Bereich Gefühl/Seele: von der Nasenwurzel bis zum Nasensteg	soziale Kontakte und stabiles, enges soziales Umfeld sind wichtig Motto: »Wie kann ich helfen?« kinästhetisch-visueller Sinneskanal dominant
R	dominanter Bereich Vernunft/ Logik: von den Stirnkanten bis zur Nasenwurzel	Zahlen, Daten, Fakten sind wichtig. Real ist nur, was wissenschaftlich belegt ist Motto: »Was bringt mir das?« Auditiver Sinneskanal dominant

Typ	Merkmal: Gesichtshälften	Typ-Beschreibung
K.E.	rechte Gesichtshälfte	steht für das berufliche Leben, meist größer
K.E.	linke Gesichtshälfte	steht für das Privatleben, meist schmaler

Typ	Merkmal: Haut	Typ-Beschreibung
V/M	dicke Haut	liebt starke Eindrücke, kann viel an sich abprallen lassen
E	dünne Haut	sensibel, kann sich schwer abgrenzen
R	normale Haut	kann bestimmen, was er an sich heranlässt und was nicht
E	Couperose (rote Äderchen)	aufgestaute Frustration, musste viel »schlucken«, innerer Druck

Typ	Merkmal: Gesichtsfarben	Typ-Beschreibung
K. E.	strahlend, satt-leuchtend	Gesundheit: das Herz zeigt seinen Glanz im Gesicht
K. E.	blasse bis bleiche Gesichtshaut	Erschöpfung, Antriebslosigkeit, kühle Distanz
K. E.	leichte rote Gesichtsfarbe	kurz: Gefühlsausbruch oder Peinlichkeit, lang: Kraft, Ausdauer, Gefühlsreichtum
K. E.	starke Rotfärbung	Herzleiden, Bluthochdruck, Hinweis auf heftige und akute Krankheiten, Entzündungen im Körper
K. E.	leicht gelbliche Färbung	Sorgen und Ängste, kann den Anforderungen des Lebens nicht gerecht werden
K. E.	starke Gelbfärbung	Probleme mit der Leber
K. E.	grünliche Gesichtsfarbe	kurzfristig: Schmerzen und Krämpfe, langfristig: lang anhaltender, unterdrückter Ärger
K. E.	graue/schwarze Gesichtsfarbe	Kraftlosigkeit und Schwäche, bei Rauchern: Schäden, die im Organismus infolge der Giftzufuhr entstehen

Typ	Merkmal: Ohren	Typ-Beschreibung
V/M	große Ohren	guter Zuhörer, kreativ, mutig, zielstrebig, ausdauernd
E	kleine Ohren	musisch veranlagt, feinfühlig, strebsam, intelligent, taktvoll, tolerant
R	normal große Ohren	positive Lebenseinstellung, zuverlässig, gründlich, weitblickend, erfolgsorientiert
M	breite Ohren	belastbar, guter Konfliktschlichter
E	runde Ohren	harmoniebedürftig, hohe Ideale, intensive Ausstrahlung, wirkt auf andere begeisternd

Typ	Merkmal: Ohren	Typ-Beschreibung
R	schmale Ohren	selbstbewusst, willensstark, ich-bezogen
V	kantige Ohren	visionäres Potenzial, anderen oft einen Schritt voraus, Hang zum Spleenigen
V	Knubbel am Ohr	visionäres Potenzial, anderen oft einen Schritt voraus, Hang zum Spleenigen
M	ausgeprägte Ohr-Außenleiste	diszipliniert, souverän, zielstrebig, wohlwollend, aufrichtig
E	schwache Ohr-Außenleiste	introvertiert, sensibel, oft musisch/künstlerisch begabt
M/V	große Ohrbucht	vital, genussfähig, eigenständig, schwer beeinflussbar
R	kleine Ohrbucht	zielgerichtet, klar, produktiv, weitblickend, nüchtern
V/R	Rundung der Ohrbucht	zeigt an, wie ausgeprägt die musische Begabung ist
V/E	große Ohrläppchen	Träumer, Idealist, Visionär, gute körperliche Konstitution
R	kleine Ohrläppchen	objektiv, sachlich, unvoreingenommen, rational
M	Innenohr über Außenohr	gutes Selbstbewusstsein, extravertiert
E	hängendes Ohrläppchen	bindungsorientiert
R	leicht angewachsene Ohrläppchen	rational, nüchtern, emotional sparsam
K. E.	stark angewachsene Ohrläppchen	rücksichtslos, manipulativ
M	Höhe der Ohren	je höher, desto entscheidungsfreudiger
E	anliegende Ohren	möchte dazugehören, anpassungsfähig, ruhig, besonnen
V	abstehende Ohren	unkonventionell, möchte sich nicht anpassen

Typ	Merkmal: Ausprägungen Ohr	Typ-Beschreibung
M	unteres Drittel	Interesse an guter, wirtschaftlich interessanter/erfolgsorientierter Position
E	mittleres Drittel	starke emotionale Orientierung, die vor allem im kleinen Bereich gelebt wird
R	oberes Drittel	geistiges Interesse, materielle Dinge werden zu wenig berücksichtigt

Typ	Merkmal: Ohren – weitere Merkmale	Typ-Beschreibung
M	eckiges Ohr (oben)	legt Wert auf einen definierten Körper, treibt Körperkult
M	Antitragus (untere Knorpelfalte direkt über dem Ohrläppchen) stark ausgebildet	starker Wille
E	Antitragus klein und flach	anpassungsfähig
M	Tragus (Knorpelteil am Eingang des Gehörkanals in der Ohrmuschel) sehr plastisch	schwungvoll und dynamisch
R	Tragus dünn, wenig plastisch	nüchterner, reduzierter Mensch

Typ	Merkmal: Haaransatz	Typ-Beschreibung
E	tiefer Haaransatz	feinfühlig, empathisch, romantisch
R	hoher Haaransatz/Glatze	klar, durchdacht, rational
V	Mickymaus-Haaransatz	großes kreatives Potenzial

Typ	Merkmal: Stirn	Typ-Beschreibung
M	gewölbte Stirn	gute Beobachtungsgabe, gutes bildliches Vorstellungsvermögen
E	gerade Stirn	nachsichtig, verständnisvoll, warmherzig, empathisch
R	hohe Stirn	rational, sachlich
M/V	ausgeprägte Stirnkanten	abstraktes und praktisches Denken gut verknüpft
M	Stirnhöcker	3-D-Denken und 3-D-Vorstellungskraft sehr ausgeprägt

Typ	Merkmal: Falten	Typ-Beschreibung
M	unterbrochene Stirnquerfalten	begeisterungsfähig, sucht immer neue Herausforderungen, fängt Dinge an und beendet sie nicht, schnell gelangweilt
R	durchgezogene Stirnquerfalten	gutes Durchhaltevermögen, bringt seine Dinge zu Ende
V	Y-Falte (auch umgekehrt)	Kreativität
K.E.	Schachbrettfalten auf der Stirn	angestaute Wut, Frustration rechtsseitig: beruflich frustriert; linksseitig: privat frustriert
M	senkrechte Beharrlichkeitsfalte	gutes Durchhaltevermögen, wird Anforderungen gerecht, neigt zum Idealismus
M	Delegationsfalte (Querfalte auf Nase)	entscheidungs- und führungsstark, kann befehlen
E	pädagogische Falte (berufliche Seite – rechts von Nasenwurzel)	Führungsqualitäten, kann gut erklären
E	Gemütsfalte (private Seite – links von Nasenwurzel)	war schwerwiegenden Ereignissen ausgesetzt. Falte unterbrochen: Ereignis verarbeitet

Typ	Merkmal: Schläfen	Typ-Beschreibung
M	nach oben breitere Schläfen	das Hier und Jetzt zählt, Vergangenheit löst eher Ablehnung aus
E	gerade Schläfen	greift gern auf Bewährtes zurück; kann sich aber auch gut auf Neues einlassen
R	oben schmalere Schläfen	das Vergangene ist sehr wichtig und soll nicht verändert werden; hält gerne an Bewährtem fest

Typ	Merkmal: Augenbrauen	Typ-Beschreibung
M	Augenbrauenpolster	manuell geschickt
M/V	abgewinkelte Augenbrauen	Führungsqualitäten, sachlich, nicht konfliktscheu
E	zusammengewachsene Augenbrauen	neigt zum Jähzorn
R	spärliche Augenbrauen	leidenschaftslos
M	kurze Augenbrauen < 2/3 der Augenlänge	durchsetzungs- und entscheidungsstark, gutes Selbstvertrauen
E	geschwungene Augenbrauen	heiter, zufrieden mit sich und der Welt, sensibel
R	waagerechte Augenbrauen	nachdenklich, wägt Entscheidungen sorgsam ab
V/M	tiefsitzende Augenbrauen	kreativ, gutes Konzentrationsvermögen, spontan
E	hochsitzende Augenbrauen	sensibel, nimmt Dinge persönlich
K.E.	Lachfalten	optimistisch, weltoffen
K.E.	gespannte Augenfalten (Krähenfüße)	vorsichtig bis misstrauisch, neigt zum Pessimismus

Typ	Merkmal: Augen	Typ-Beschreibung
M	schmal-längliche Augen	guter Beobachter, bewusste Wahrnehmung, sensibel
E	große Augen (rundlich)	ausgeprägtes Wahrnehmungsvermögen, sprachbegabt
R	kleine Augen	gründlich, akribisch, in Entscheidungen vorsichtig
V	unterschiedliche Höhe	unterschiedliche Blickwinkel
V/M	Neigungswinkel der Augen nach oben	idealistisch, optimistisch, risikofreudig
E	Neigungswinkel der Augen nach unten	»Beziehungsexperte«, guter Zuhörer, entdeckt Lösungen, die andere nicht sehen, neigt zum Pessimismus
R	gerade Augen	Realist, kann sich gut auf unterschiedliche Situationen einstellen
M/E	vorstehende Augen	neugierig, engagiert, steht gerne im Vordergrund
R	Augen tief in der Augenhöhle	wenig engagiert und interessiert, evtl. grundlegendes Misstrauen
E	dunkelbraune bis schwarze Augen	unberechenbar, unergründlich, beharrlich
E	hellbraune Augen	intensives Gefühlsleben, gesellig, lebensfroh, manchmal unbeherrscht
V	grüne Augen	begeisterungsfähig, sinnlich, leidenschaftlich, wankelmütig
Alle	blaue Augen	treu, großzügig, aufgeschlossen, sanft, verträumt
Alle	graue Augen	vorsichtig, distanziert
M	normaler Augenabstand	
R	enger Augenabstand	gutes Konzentrationsvermögen, kritisch

Typ	Merkmal: Augen	Typ-Beschreibung
V	weiter Augenabstand	weitsichtig, visionäres Potenzial, innere Ruhe, bedacht, Hang zur Romantik
M	hoher Augenstand	schnelle Auffassungsgabe, wach, flexibel
R/E	normaler Augenstand	gute Auffassungsgabe
k. A.	tiefer Augenstand (Behinderte)	langsame Auffassungsgabe, braucht detaillierte Erklärung

Typ	Merkmal: Abstand Auge – Augenbraue	Typ-Beschreibung
R	Größter Abstand Auge-Augenbraue im 1. Bereich (innen)	analytisch-systematisch, mag Checklisten
E	Größter Abstand Auge-Augenbraue im 2. Bereich (Mitte)	Kommunikationstalent, sprach-begabt, geht offen auf andere zu
R	Größter Abstand Auge-Augenbraue im 3. Bereich (außen)	sorgfältig, akribisch bis hin zum Perfektionismus

Typ	Merkmal: Wimpern	Typ-Beschreibung
M	viele, stabile Wimpern	robust, aber auch feinfühlig
E	feine Wimpern	sensibel, verletzlich, setzt sich unter Erfolgsdruck

Typ	Merkmal: Augenpartie	Typ-Beschreibung
E	große Pupillen	Offenheit, Zugänglichkeit, macht attraktiv (früher tröpfelte man Tollkirsche in die Augen, um die Pupillen zu vergrößern)
E	geplatzte Äderchen	Gefühlsstau, Wut, Überforderung, (Couperose: großer Druck)
R	kleine Pupillen	logische Denkweise, Verschlossenheit, Gefühlsarmut
R	Weiße Sklera (Augenweiß)	Klarheit, Reinheit
M	breite Augenpartie	Selbstbewusstsein, Wunsch, an dem, was geschieht, aktiv beteiligt zu sein
E/R	schmale Augenpartie	vorsichtiges, zurückhaltendes Wesen; tastet sich gerne Stück für Stück heran
E	Oberlid sichtbar	handelt emotional, rasch und impulsiv
R	Oberlid nicht sichtbar	rationalisiert Gefühle, handelt erst, wenn er analysiert und verstanden hat
Alle	Oberlid hängt über dem Auge	starke Erschöpfung, verschließt sich vor äußeren Eindrücken, zieht sich zurück

Typ	Merkmal: Wangenknochen	Typ-Beschreibung
M/V	ausgeprägte Wangenknochen	Führungsqualitäten, steht gerne im Rampenlicht, aufgeschlossen für Neues, resolut-selbstbewusster Stil
E	kaum sichtbare Wangenknochen	behutsam, einfühlsam, diplomatisch, liebt Bewährtes, neigt evtl. zur Unsicherheit
M/V	hohe Wangenknochen	Führungsqualitäten, steht gerne im Rampenlicht, aufgeschlossen für Neues, resolut-selbstbewusster Stil
E	tiefe Wangenknochen	sozial, hilfsbereit, für andere Menschen da sein und helfen
E	Einbuchtungen unter den Wangenknochen (»Kuschelkuhlen«)	benötigt Körperkontakt und Zärtlichkeit

Typ	Merkmal: Nase	Typ-Beschreibung
R	Große (lange) Nase	selbständig, vertraut am liebsten auf sich selbst, gründlich, umsichtig, analytisch-systematisch
M	Kleine (kurze) Nase	Workaholic, routiniert, geht an seine psychischen und physischen Grenzen
M	Stupsnase	gesunder Menschenverstand, schwer täuschbar
M	platte Nase	kann Meinungen anderer schwer akzeptieren, körperlich begabt
E	viel Nasenfleisch	Teamworker
M/R	wenig Nasenfleisch	Einzelkämpfer
M	Nasenbonus	Sinnhaftigkeit, etwas hinterlassen wollen
M	breiter Nasenrücken	belastbar. Nach unten hin breiter werdend: läuft unter Druck zur Höchstform auf
E	schmaler Nasenrücken	wenig belastbar, muss mit seinen Kräften haushalten
M	gerader Nasenrücken	ungeduldig, will schnell Ergebnisse sehen, schwer aufzuhalten

Typ	Merkmal: Nase	Typ-Beschreibung
R	Beuge im Nasenrücken	nimmt sich Zeit für Entscheidungen, kann seine Denkrichtung ändern
R	Nasenhöcker	genau, akribisch, langsam, benötigt klare Aussagen
R	Nasenkanten	Willen zur Optimierung
E	große Nasenlöcher	geruchssensibel, großzügig
R	kleine Nasenlöcher	geizig, sparsam, zurückhaltend
V/M	Nasenspitze nach unten	will etwas erreichen/hinterlassen, visionäres Potenzial
E	Nasenspitze nach oben	neigt zur Oberflächlichkeit, zu einem gewissen Grad verschlossen, will nicht preisgeben, wie's im Innersten aussieht
E	schmale Nasenflügel	sehr auf andere fixiert, stark an seiner Umwelt orientiert, in Kombination mit kleinen Nasenlöchern: verminderte Vitalität
M/V	breite Nasenflügel	selbstbezogen und egoistisch, stellt die eigenen Bedürfnisse über die der anderen

Typ	Merkmal: Übergang Nase – Oberlippe	Typ-Beschreibung
M	Übergang Nase – Oberlippe groß	je größer, desto höher ist der Macht- und Dominanzanspruch
E	ausgeprägtes Philtrum (Lippensteg)	sexy, attraktiv für andere
E	Amorbogen/Lippenherz	ausgeprägtes Einfühlungsvermögen
R	Amorbogen nicht vorhanden	introvertiert, wenig offen für andere

Typ	Merkmal: Lippen	Typ-Beschreibung
E	Oberlippenkontur nach außen geschwungen	wohlwollend, rücksichtsvoll
R	Oberlippenkontur gerade oder nach innen geschwungen	eher ichbezogen
E	großer Mund	extravertiert, kommunikationsbegabt, ausdrucks- und willensstarke Persönlichkeit
R	kleiner Mund	zurückhaltend, sparsam, gewählte Worte, naiv-kindliches Gefühlsleben, in Kombination mit vollen Lippen: eine unreife Person, mit schmalen Lippen: selbstbezogen, kindlich
E	fleischige Oberlippe	tiefes Gefühls- und Seelenleben, sinnlich
R	kaum vorhandene Oberlippe	rational, orientiert an Zahlen, Daten, Fakten, wenig sinnlich, evtl. unnachgiebig
M	stark ausgeprägte Unterlippe	liebt Genuss in allen Varianten
R	wenig ausgeprägte Unterlippe	wenig genussfähig; evtl. unnachgiebig
M	Unterlippe nach außen vorgewölbt	Nimmersatt, Suchttendenz
Alle	Ober- und Unterlippe gleich, links schmaler	Geben und Nehmen im Einklang
Alle	Mundwinkel nach unten gezogen	Frustration, Trauer, Pessimismus
Alle	Mundwinkel nach oben gezogen	Freude, Optimismus

Typ	Merkmal: Kiefer	Typ-Beschreibung
M	breiter Kiefer	entschlossen und mutig, große Führungsqualitäten
E	schmaler Kiefer	ängstlich und vorsichtig, lässt sich gerne führen
R	mittelmäßig ausgeprägter Kiefer	kann sich situativ in eine Situation geben, kann die Führung übernehmen oder sich bei Bedarf anpassen links: mutiger, entschlossener – Besserwisser rechts: vorsichtiger

Typ	Merkmal: Kinn	Typ-Beschreibung
M	vorstehendes Kinn	Kampfgeist, selbstbewusst, evtl. aggressiv
E	volles, rundes Kinn	unbeschwert, gesellig, liebt Annehmlichkeiten
R	spitzes Kinn	sehr intelligent, emotional sparsam
E	zurückgezogenes Kinn	Gemeinschaftsgeist, versöhnlich, kompromissbereit
E	gerades Kinn	Idealist, für eine gute Sache engagiert
M	Kinnquerfalte (»Motzfalte«)	sagt unumwunden und unreflektiert, was er denkt, ehrlich, kommunikativ
V	dauerhaftes Kinngrübchen	Sensibilität
E	temporäres Kinngrübchen	Verletzbarkeit im Moment
E	Kinnspalte	tut sich schwer mit Entscheidungen, gerät leicht in Konflikt mit sich selbst

Typ	Merkmal: Grübchen	Typ-Beschreibung
M/E	dauerhafte Grübchen (ohne zu lachen)	ausgeprägte Freude an der Freude, Spaßmacher, Comedy-Talent
E	versteckte Grübchen (nur lachend sichtbar)	heitert gerne andere auf, gesellig, löst schwierige Situationen gerne auf
E	vertikale Grübchen, Akkordeonfalten (nur lachend sichtbar)	charmant, umgänglich, liebenswürdig
E	Eros-Grübchen (oberhalb des Gesäßes)	viel Sinn für Erotik

Typ	Merkmal: Bart	Typ-Beschreibung
M/V	Dreitagebart	will rebellisch, aber nicht unkonventionell sein, will erotisch wirken
E	schmaler Schnurrbart, Oberlippe frei	»Mann von Welt«, charismatisch, tiefe Gefühle, evtl. Selbstdarsteller
E	Vollbart	Männlichkeitssymbol, kann Unsicherheit kaschieren
R	starker Schnurrbart	möchte sein wahres Ich verstecken
V	starker Vollbart	Individualist, ungezügelt, Grenzgänger, naturverbunden

Typ	Merkmal: Hals	Typ-Beschreibung
M	kurzer Hals	körperlich stark, handlungsorientiert, wenig überlegt
M	breiter Hals	braucht ständig Aktivität, große Entschlusskraft
E	langer Hals	schüchtern, zurückhaltend
E	dünner Hals	sensibel, verletzlich, einfühlsam

Typ	Merkmal: Schultern	Typ-Beschreibung
M	breite Schultern	ein sehr handlungsorientierter Mensch, der gerne arbeitet und Verantwortung für sich und andere übernimmt
E	schmale Schultern	Zartheit, wenig körperliche Kraft, kann Verantwortung nur schwer tragen

Bildnachweis

S. 45 Tatjana Strobel Head Worx; S. 48 re. imago/SKATA; S. 48 li. imago/PicturePerfect; S. 49 li. picture alliance/Globe-ZUMA; S. 49 re. imago/Rideaux-PicturePerfect; S. 63 li. Foto Boschung; S. 64 re., 65 re. picture alliance/Sven Simon; S. 64 o. Foto Boschung; S. 65 li. picture alliance/zb/Paul Glaser; S. 65 Mi. imago/Sven Simon; S. 68 2. v. li. imago/teutopress; S. 68 li. imago/Karpe-Gora; S. 74 2. v. li. imago/UPI Photo; S. 74 li. picture alliance/EPA/ROGER L. WOLLENBERG/POOL; S. 81 li., 85 re. picture alliance/AP Photo/Riccardo De Luca; S. 81 2. v. li. imago/Hans-Günther Oed; S. 85 li. imago/Jürgen Eis; S. 89 li. picture alliance/Everett Collection; S. 89 2. v. li. imago/United Archives International; S. 94 2. v. li. imago/UPI Photo; S. 94 li. picture alliance; S. 100 li. picture alliance/Byron Purvis/AdMedia; S. 100 2. v. li. imago/UPI Photo; S. 106 2. v. li. imago/Sven Simon; S. 106 li. imago/Jörn Haufe; S. 112 li. picture alliance/dpa/Johannes Eisele; S. 112 2. v. li. imago/teutopress; S. 118 2. v. li. imago/Gallo Images; S. 118 li. picture alliance; S. 139 Mi. picture alliance/EPA/TAMAS KOVACS HUNGARY OUT; S. 139 li. picture alliance/empics/Lewis Whyld/PA Wire; S. 145 li. imago/United Archives; S. 145 Mi. imago/ZUMA/Keystone; S. 150 li. Getty Images/Fox Photos/Hulton Archive; S. 156 Mi. imago/EntertainmentPictures; S. 156 li. imago/Granata Images; S. 162 Mi. imago/United Archives International; S. 162 li. imago/United Archives International

Alle Illustrationen: Michael Rudolph

Tatjana Strobel
Ich weiß, wer du bist
Das Geheimnis, Gesichter zu lesen

Form und Aufteilung des Gesichts verraten mehr über uns, als wir denken. Tatjana Strobel ist Expertin für Physiognomik. Sie kann in dem Gesicht einer Person ihren Charakter und ihre Persönlichkeit erkennen. Schritt für Schritt erklärt sie die Grundlagen dieser Technik und weiht uns in das Geheimnis des Gesichterlesens ein. Sie zeigt, wie man einen Menschen schon bei der ersten Begegnung einschätzen kann, und verrät außerdem, wie man sich selbst besser kennenlernen und die gewonnenen Erfahrungen für die persönliche Entwicklung nutzen kann.

Wer »Ich weiß, wer du bist« gelesen hat, wird sein Spiegelbild in Zukunft mit anderen Augen betrachten.

Mira Mühlenhof

Key to see

Menschenkenntnis ist der Schlüssel zu gelingenden Beziehungen

Die Key to see®-Methode fördert die Selbsterkenntnis und ermöglicht ein tiefes Verständnis für andere. Wir schließen Freundschaft mit uns selbst und schaffen die Basis für echte Empathie und gelingende Beziehungen in allen Lebensbereichen.

Erkenne dich selbst, dann erkennst du die anderen … und weißt, wer zu dir passt!

Gabriele Zienterra
Stop Cheap Speak
Wie wir wertvoller kommunizieren

Cheap Speak, das kennt jeder: wenn uns Bekannte lautstark von ihren zweifelhaften Meinungen überzeugen wollen oder der Kollege sich mit großen Worten mal wieder aufplustert. Große Show, aber nix dahinter – Hauptsache, man gewinnt Aufmerksamkeit!

Kommunikationsexpertin Gabriele Zienterra zeigt uns, wo die Ursachen von Cheap Speak liegen und wie wir verhindern, dass Gespräche zu Einbahnstraßen werden – und wir wieder zu einer wertvollen Kommunikation finden.

Volker Kitz

Stimmt's oder hab ich Recht?

Welche Gesetze Sie unbedingt kennen müssen, um nicht für dumm verkauft zu werden

Kann ich wegen der Kneipe nebenan die Miete drücken?
Darf ich amerikanische Serien im Internet schauen?
Muss mein Chef für meine Überstunden ins Gefängnis?
Wie wehre ich mich gegen Spam?

Haben Sie sich solche Fragen auch schon mal gestellt? Dann wird es höchste Zeit, sich über Ihre Rechte schlauzumachen! Jurist und Bestsellerautor Volker Kitz führt Sie einfach, aber sicher über die alltäglichen rechtlichen Stolpersteine – und zeigt Ihnen, wie Sie anderen immer einen Schritt voraus sind.